Quaderni di esercizi

Tedesco
Principianti / Intermedi

di
Bettina Schödel

traduzione e adattamento in italiano di
Manuela Benetton

Assimil Italia s.a.s.
C.P. 80 - 10034 Chivasso (TO)
info@assimil.it

www.assimil.it

Introduzione

Questo quaderno è stato pensato per aiutarvi a ripassare i fondamenti della grammatica, i vocaboli e le preziose locuzioni della lingua tedesca attraverso lo svolgimento di 240 esercizi ripartiti in 21 capitoli.

Ogni capitolo è suddiviso in due parti: la prima parte (riquadro giallo) è dedicata all'approfondimento dei principali punti grammaticali (coniugazione, declinazione, sintassi...) e alle particolarità fonetiche della lingua tedesca (riquadro rosa); l'approccio è metodico e gli esercizi sono esclusivamente strutturati intorno all'elemento grammaticale trattato. La seconda metà è invece interamente dedicata al vocabolario (riquadro verde); questa parte, ludica e deduttiva, talvolta in relazione con il soggetto grammaticale della lezione in corso, richiama le conoscenze linguistiche precedentemente acquisite.

Forse alcuni di voi noteranno delle variazioni ortografiche: **wie viel** usato al posto di **wieviel**, o **dass**, al posto di **daß** ecc. Tali variazioni sono state introdotte dalla riforma ortografica del 2006: sono numerose e potranno sorprendere coloro che hanno studiato il tedesco prima di questa data.

Alla fine del quaderno, prima delle soluzioni degli esercizi, sono riportate le tavole di coniugazione e di declinazione.

Il quaderno vi dà, infine, la possibilità di autovalutarvi: dopo aver svolto ogni esercizio e verificato la soluzione (v. p. 122), disegnate l'espressione dell'icona che compare sulla destra: ☺ se la maggior parte delle risposte è esatta, 😐 se è corretta circa la metà, ☹ se lo è meno della metà. Alla fine di ciascun capitolo, riportate nello schema il numero di icone relative agli esercizi e, alla fine del quaderno, calcolate il totale riportando le icone dei capitoli nello schema generale di pagina 128!

Indice

1. Presente indicativo 3-7	14. Verbi di modo 76-79
2. Imperativo 8-13	15. Verbi separabili e inseparabili 80-85
3. Perfekt 14-19	16. Verbi che reggono una preposizione 86-91
4. Präteritum 20-25	17. Costruzioni infinitive 92-97
5. Futuro 26-29	18. Aggettivi e pronomi possessivi 98-103
6. Konjuktiv II 30-35	19. Pronomi relativi 104-109
7. Passivo 36-41	20. La comparazione 110-115
8. Nominativo 42-47	21. Numeri ordinali e cardinali 116-117
9. Accusativo 48-53	Tavole di coniugazione 118-119
10. Dativo 54-59	Tavole di declinazione 120-121
11. Genitivo 60-63	Soluzioni 122-127
12. Accusativo – Dativo 64-69	Autovalutazione 128
13. Sintassi 70-75	

Presente indicativo

Coniugazione e uso del presente

Come in italiano, serve a esprimere uno stato, una situazione o un'abitudine del presente, oltre che un fatto reale. Unito a un complemento di tempo, serve a esprimere un evento che avverrà nel futuro. Il presente si forma come segue: **radice dell'infinito + desinenze del presente: komm(en)** → **ich komme, du kommst, er/sie/es kommt, wir kommen, ihr kommt, sie/Sie kommen**.

- Verbi che modificano la vocale radicale: **radice del verbo + desinenze del presente**. La radice cambia alla 2ª e alla 3ª persona singolare: la **a** diventa **ä**, la **e** diventa **i** o **ie** e la **o** di **stoßen** diventa **ö**. Alle altre persone, la radice corrisponde a quella del verbo all'infinito: **geb(en)** → **ich gebe, du gibst, er/sie/es gibt, wir geben, ihr gebt, sie/Sie geben**. Questa regola riguarda la maggior parte dei verbi forti (vedi capitoli 3 e 4).

- Notate:
  – **-en** (in alcuni casi **-n**) è la desinenza di tutti i verbi all'infinito.
  – oltre a **er** *egli/lui* e **sie** *ella/lei*, esiste il pronome soggetto **es** che si traduce, a seconda dei casi, *egli/lui, ella/lei, esso/a*.

- Attenzione: gli ausiliari **haben**, **sein** e **werden** seguono una coniugazione particolare.

1 Completate la tabella con ~~i~~ verbi al presente indicativo.

	ich	du	er/sie/es	wir	ihr	sie/Sie
wohnen		wohnst				
beginnen			beginnt			
fragen			fragt			
fahren		fährst				
laufen				laufen		
nehmen					nehmt	

PRESENTE INDICATIVO

2 A lato di ciascun verbo indicate con (D) se questo è debole o con (F) se è forte. Per i verbi irregolari indicate la 3ª pers. sing. del presente indicativo.

Esempio: sprechen → (IR) er spricht

a. sehen → ....

b. hoffen → ....

c. schlafen → ....

d. fallen → ....

e. glauben → ....

f. gehen → ....

g. sagen → ....

h. treffen → ....

3 Completate la tavola inserendo la forma verbale corrispondente al presente indicativo.

ich	du	er/sie/es	wir	ihr	sie/Sie
bin			sind		
	hast			habt	
werde		wird			werden

4 Completate le frasi inserendo il presente indicativo dei seguenti verbi:

empfehlen **sprechen** **finden**
grüßen **LESEN** **bitten**

a. Ich .... meine Brille nicht. Weißt du, wo sie ist?

b. Welche Zeitung .... Sie da?

c. Ich .... dich um deine Hilfe.

d. Er ist schon seit einer Stunde am Telefon. Mit wem .... er denn so lange?

e. Dieser Mann ist so unfreundlich. Er .... mich nie.

f. Was .... du mir? Fisch oder Fleisch?

PRESENTE INDICATIVO

5 Ricavate da ciascun sostantivo il verbo corrispondente e coniugatelo alla 3ª pers. sing. del presente indicativo.

Esempio: die Miete → mieten → er/sie/es mietet.

a. die Sprache → .... → ....
b. die Schrift → .... → ....
c. das Getränk → .... → ....
d. die Liebe → .... → ....
e. der Flug → .... → ....
f. die Reparatur → .... → ....

Particolarità fonetiche e ortografiche

Con un po' di pratica, vi sarà facile riconoscerle. Ma per il momento, rivediamole insieme:
Al fine di facilitare la pronuncia:

- i verbi deboli, la cui radice dell'infinito termina in **-d** e **-t** o con un gruppo consonantico come **-chn**, **-tm**…, aggiungono una **e** detta intercalare al presente della 2ª e 3ª persona singolare e della 2ª persona plurale: **arbeiten → du arbeitest, er/sie/es arbeitet, ihr arbeitet**.
- i verbi la cui radice dell'infinito termina in **-s**, **-ss**, **-ß**, **-tz**, o **-z** aggiungono solo una **-t** alla 2ª persona singolare: **blasen → du bläst**.
- i verbi terminanti in **-eln** ed **-ern** aggiungono una **-n** alla 1ª e alla 3ª persona plurale: **sammeln → wir sammeln, sie/Sie sammeln**. In molti casi la **e** della radice è omessa alla 1ª persona singolare. Questa regola non è tuttavia obbligatoria: **ich samm(e)le**.

6 Completate la tabella con i verbi al presente indicativo.

	ich	du	er/sie/es	wir	ihr	sie/Sie
baden						
reisen						
wechseln						

7 Coniugate i verbi al presente indicativo nella persona indicata tra parentesi.

a. antworten *(2ª persona plurale)* → ....
b. zeichnen *(3ª persona singolare)* → ....
c. verändern *(3ª persona plurale)* → ....
d. lesen *(2ª persona singolare)* → ....

PRESENTE INDICATIVO

Dare del tu o dare del Lei?

- **Sie** con la **S** maiuscola corrisponde alla forma allocutiva di cortesia singolare e plurale (Lei / Voi); **du** corrisponde invece al nostro *tu* e **ihr** a *voi*, quando ci si rivolge a più interlocutori. Il pronome personale plurale **sie**, con la **s** minuscola, corrisponde a *essi/esse* e *loro*.

- Come in italiano, l'uso delle formule di saluto varia a seconda che si dia del *tu* o che si dia del *Lei*. **Hallo!** e **Tschüss!** (*Ciao!*) si utilizzano quando si dà del *tu*, mentre **Guten Tag!** (*Buongiorno!*) e **Auf Wiedersehen!** (*Arrivederci!*) ricorrono quando si dà del *Lei*. Si tratta di una regola generale che tuttavia dipende dal contesto o dal modo con cui tali formule sono pronunciate: **Tschüss!** e **Hallo!** sono compatibili con il *Lei*, e **Guten Tag!** e **Auf Wiedersehen!** con il *tu*. **Guten Morgen!** si dice al mattino e corrisponde al *Good morning!* inglese. Vale sia con il *tu* che con il *Lei*.

8 Coniugate "avere tempo": *Zeit haben*.

a. Ha tempo? *(forma di cortesia)* → ....

b. Avete tempo? → ....

c. Hanno tempo? → ....

d. Loro (Essi) hanno tempo. → ....

9 Riscrivete queste formule di saluto alla forma allocutiva plurale voi e Lei/Voi (nella 2ª colonna, per la formula allocutiva voi, aggiungete il nome *Sabine*). Non dimenticatevi di accordare la formula di saluto al giusto caso.

Forma allocutiva tu	Forma allocutiva voi	Forma allocutiva Lei / Voi
Hallo, wer bist du?		
Wie heißt du? – Paul, und du?		
Woher kommst du?		
Wo wohnst du?		
Wie lange bist du schon in Berlin?		
Schön, dass du gekommen bist.		
Tschüss!		

PRESENTE INDICATIVO

10 Completate le seguenti formule di saluto:

a. Bis ....! *(A presto!)*
b. Bis ....! *(A domani!)*
c. Bis ....! *(A più tardi!)*
d. Gute ....! *(Buona notte!)*
e. Bis ....! *(A tra poco!)*

Tradurre: *E io? E tu? E voi? Anche a me! A me no!...*

In tedesco il pronome personale si declina in base alla funzione che svolge all'interno della frase: può essere al **nominativo**, all'**accusativo** o al **dativo**.

- **Ich heiße Paul. Und du?** *Mi chiamo Paul. E tu?*
  Sottinteso: **Und wie heißt du?** → nominativo.

- **Es ärgert mich! – Mich auch!** *Mi infastidisce. – Anche a me!*
  Sottinteso: **Es ärgert mich auch!** → accusativo.

- **Mir gefällt es. – Mir nicht!** *Mi piace. – A me no!*
  Sottinteso: **Mir gefällt es nicht!** → dativo.

11 Completate le frasi con il pronome adeguato *(per la declinazione del pronome personale vi rimandiamo alla tabella a pag. 120)*.

a. *Vengo da Monaco. E voi?*
  → Ich komme aus München. Und ....?

b. *Piacere. Piacere mio!*
  → Es freut mich! .... auch!

c. *Mi piace. A te no!*
  → Mir schmeckt es. .... nicht!

d. *Io vengo (con voi). Anche tu!*
  → Ich komme mit. .... auch!

e. *Mi è piaciuto molto. E a Lei?* (forma allocutiva di cortesia)
  → Es hat mir sehr gut gefallen. Und ....?

Bravi! Avete appena concluso il capitolo 1! Contate le icone e riportate il risultato a pag. 128 per la valutazione finale.

Imperativo

Coniugazione e uso dell'imperativo

L'uso dell'imperativo in tedesco è uguale a quello in italiano.

- La maggior parte dei verbi formano l'imperativo con la **radice dell'infinito + desinenze dell'imperativo**: tanz(en) ➜ Tanz(e)!, Tanzen wir!, Tanzt!, Tanzen Sie!
  Notate che la **-e** della 2ª persona singolare è facoltativa e che la 1ª persona plurale e la forma di cortesia si coniugano con il pronome personale posposto al verbo.

  Attenzione al verbo **sein** ➜ Sei!, Seien wir!, Seid!, Seien Sie!

- I verbi che al presente indicativo modificano la vocale **e/i** o **e/ie** mantengono l'alternananza vocalica anche all'imperativo: geben ➜ Du gibst mir das. ➜ Gib mir das!

- I verbi separabili (*vedi capitolo 15*) rimandano la particella al fondo della frase: **losfahren** ➜ Fahr los! / Fahr jetzt los!

- Nelle frasi negative, **nicht** si colloca subito dopo il verbo, o dopo il pronome nelle frasi con **wir** e **Sie**: Komm nicht zu spät nach Hause! / Kommen Sie nicht zu spät nach Hause!

1 Coniugate i verbi all'imperativo nella persona indicata tra parentesi.

a. kommen *(2ª persona plurale)* ➜ ....

b. nicht zu laut singen *(2ª persona singolare)* ➜ ....

c. an/rufen* *(1ª persona plurale)* ➜ ....

d. das Buch lesen *(2ª persona plurale)* ➜ ....

e. spazieren gehen *(1ª persona plurale)* ➜ ....

f. da bleiben *(forma di cortesia con Lei)* ➜ ....

g. mit/kommen* *(2ª persona plurale)* ➜ ....

h. Blumen kaufen *(2ª persona singolare)* ➜ ....

*particella separabile

IMPERATIVO

2 Abbinate ciascuna frase italiana a uno dei gruppi infinitivi qui sotto:

bitte pünktlich sein   **NICHT TRAURIG SEIN**
nett zu ihr sein   **ehrlich sein**   **vorsichtig sein**

a. Per favore, sii puntuale! → ....
b. Siamo sinceri! → ....
c. Siate gentili con lei! → ....
d. Non sia triste! *(forma di cortesia)* → ....
e. Sii prudente! → ....

3 Unite le frasi esortative tedesche alla loro traduzione italiana.

1. Pass auf!   a. Smettila!
2. Fahr weiter!   b. Vieni con me/noi!
3. Geh weg!   c. Vattene!
4. Sprich leiser!   d. Parla più piano!
5. Komm mit!   e. Continua! *(sottinteso a guidare)*
6. Hör auf!   f. Fai attenzione!
7. Halt an!   g. Fermati! *(sottinteso di guidare)*

4 Volgete le frasi al contrario completandole con la particella o l'avverbio corretti: *rückwärts, weniger, runter, zu, aus*. Unite poi ciascun esempio alla sua traduzione.

1. Steig ein! ≠ Steig .... !

2. Fahr vorwärts! ≠ Fahr .... !

3. Komm hoch! ≠ Komm .... !

4. Iss mehr! ≠ Iss .... !

5. Mach die Tür auf!
   ≠ Mach die Tür .... !

a. Mangia di più! ≠ Mangia di meno!

b. Sali! ≠ Scendi!
   (in/da un mezzo di trsporto)

c. Apri la porta! ≠ Chiudi la porta!

d. Sali /Vieni su!
   ≠ Scendi /Vieni giù!

e. Vai avanti! ≠ Vai indietro!

IMPERATIVO

Particolarità fonetiche e ortografiche

Più che le regole fonetiche, presto a guidarvi sarà il vostro orecchio, ma per il momento, ripassiamone alcune insieme:

- All'imperativo, i verbi la cui radice dell'infinito termina in **-d**, **-t** o con i gruppi consonantici **-chn**, **-tm**… aggiungono una **-e** alla 2ª persona singolare e plurale: **zeichnen** (*disegnare*) → **Zeichne einen Hund! / Zeichnet einen Hund!** Alla 2ª persona singolare dei verbi forti la **-e** è facoltativa: **Lad(e) ihn ein!**

- I verbi terminanti in **-ern** o **-eln** aggiungono una **-e** alla 2ª persona singolare: **wackeln** (*traballare*) → **Wack(e)le nicht so!** Nella maggior parte dei casi la **e** della radice è omessa. Non è tuttavia una regola obbligatoria.

5 Completate la tabella inserendo le forme dell'imperativo.

2ª persona singolare	2ª persona plurale
	Arbeitet schneller!
Verändere nichts!	
Bade nicht jetzt!	
	Ärgert mich nicht!
	Wechselt 100 Euros!
Lad(e) ihn ein!	

6 Volgete queste frasi alle forme allocutive tu/voi *(du/ihr)*, prestando attenzione alle caratteristiche fonetiche dei verbi.

a. Finden Sie es sofort! → ....

b. Schreiben Sie es auf! → ....

c. Lassen Sie mich in Ruhe! → ....

d. Schneiden Sie es in zwei! → ....

e. Steigen Sie bitte ein! → ....

f. Haben Sie etwas Geduld! → ....

Zu Befehl! Ai vostri ordini!

IMPERATIVO

Interiezioni ed esclamazioni

Sono numerose e possono essere (quasi) le stesse che in italiano oppure essere completamente diverse: *Fantastico!* si traduce sia **Super!** che **Toll!** Attenzione: come in italiano *Salute!*, quando qualcuno starnutisce, si traduce **Gesundheit!** ma *(Alla) Salute!*, quando si brinda, si traduce **Prost!**

7 Unite ciascuna interiezione tedesca alla corrispondente in italiano.

1. Aua!/Auatsch!
2. Bäh !/Pfui !/Igitt!
3. Uff!
4. Hurra!
5. Ach so!
6. Na also!
7. Toi, toi, toi!

a. Bah!
b. Hurra!
c. In bocca al lupo!
d. Ah!
e. Vedi!/Vedete!
f. Uffa!
g. Ahi!

8 Unite ciascuna esclamazione tedesca alla corrispondente in italiano.

1. Zum Glück!
2. Schade!
3. Gott sei Dank!
4. Gesundheit!
5. Mensch!
6. Prost! Zum Wohl!
7. Guten Appetit!

a. Peccato!
b. Grazie a Dio!
c. Caspita!
d. Salute!
e. Buon Appetito!
f. Salute!
g. Meno male!

9 Riordinate le lettere che formano la traduzione corrispondente.

a. Silenzio! **U/H/R/E**
→ ....

b. Attenzione! **C/H/N/G/U/T/A**
→ ....

c. Fuori! **U/S/R/A**
→ ....

d. Via/Dai! **O/S/L**
→ ....

IMPERATIVO

Il vocabolario della natura, degli animali e degli insetti

Non confondete **der See**, che significa *il lago*, con **die See**, che significa *il mare*: **die Nordsee** *il mare del Nord* e **die Ostsee** *il mar Baltico*. Se soggiornerete in queste zone, vi capiterà certamente di sentire usare il termine **Strandkorb**. Si tratta di una sorta di sedia a sdraio rivestita in vimini (da cui la somiglianza con un cestino, *Korb*), munita di copertura per proteggersi dal sole, ma anche da vento e pioggia.

10 Riportate la traduzione tedesca o italiana dei seguenti termini:

a. la foresta → der ....
b. l'albero → der ....
c. la foglia → das ....
d. il fiore → die ....
e. il mare* → das ....
f. .... → der Strand
g. la sabbia → der ....
h. .... → die Welle

i. la montagna → der ....
j. .... → der Bach
k. .... → das Gras
l. .... → der Stein
m. .... → der Bauernhof
n. l'animale → das ....
o. .... → der Stall
p. .... → das Feld

(diverso da die See)

11 Unite ciascun verbo alla sua traduzione.

1. tauchen
2. Ski fahren
3. wandern
4. bergsteigen
5. reiten
6. segeln

a. cavalcare
b. fare alpinismo
c. fare immersione
d. fare vela
e. fare trekking
f. sciare

12 Inserite le vocali mancanti.

a. il leone → der L _ W _
b. il gatto → die K _ TZ _
c. il maiale → das SCHW _ _ N
d. la pecora → das SCH _ F

e. la farfalla → der SCHM _ TT _ RL _ NG
f. la mosca → die M _ CK _
g. l'uccello → der V _ G _ L
h. il topo → die M _ _ S

IMPERATIVO

i. la mucca → die K _ H
j. il lupo → der W _ LF
k. la giraffa → die G _ R _ FF _
l. la formica → die _ M _ _ S _
m. il cavallo → das PF _ RD
n. la lepre → der H _ S _
o. il pesce → der F _ SCH
p. l'ape → die B _ _ N _
q. il ragno → die SP _ NN _
r. la vespa → die W _ SP _

13 Riordinate le lettere. Otterrete la traduzione tedesca dei verbi in italiano.

a. abbaiare N/L/B/E/L/E
→ ....
b. miagolare I/U/A/M/N/E
→ ....
c. nuotare M/C/I/S/H/W/E/M/N
→ ....
d. volare L/F/G/I/N/E/E
→ ....
e. muggire N/B/L/L/R/Ü/E
→ ....
f. pungere T/H/N/S/E/E/C
→ ....

Espressioni idiomatiche

Molte espressioni idiomatiche tedesche fanno riferimento agli animali. È interessante notare come, sovente, l'espressione equivalente italiana si riferisca anch'essa a un animale, tuttavia non allo stesso. In altri casi, l'espressione italiana ricorre a tutt'altra immagine.

14 Indicate l'equivalente italiano delle seguenti espressioni idiomatiche. La traduzione letterale tra parentesi vi sarà d'aiuto.

a. einen Frosch im Hals haben *(avere una rana in gola)*
→ ....
b. einen Bärenhunger haben *(avere una fame da orsi)*
→ ....
c. bekannt sein wie ein bunter Hund *(essere conosciuti come un cane colorato)*
→ ....
d. zwei Fliegen mit einer Klappe schlagen *(battere due mosche con un coperchio)*
→ ....

Bravi, avete appena concluso il capitolo 2! Contate le icone e riportate il risultato a pagina 128 per la valutazione finale.

Perfekt

Coniugazione e uso

Il Perfekt, che in italiano traduciamo con il passato prossimo, si utilizza per riportare un'azione che si è conclusa nel passato, ma i cui risultati persistono nel presente. Nella lingua parlata il Perfekt è usato per esprimere qualsiasi tempo del passato (*vedi capitolo 4*).

Il Perfekt è un tempo composto. Esso si forma perlopiù con l'ausiliare **haben**, in certi casi con **sein**. L'ausiliare, al presente, occupa la posizione II, mentre il participio passato va posto alla fine della frase. Vediamone la formazione:

- i verbi deboli (senza particella) formano il participio passato con il prefisso **ge-** + **radice dell'infinito + t**: **machen → gemacht**. Attenzione: i verbi la cui radice termina in **-d, -t** o con i gruppi consonantici **-chn, -tm** aggiungono il suffisso **-et**: **arbeiten → gearbeitet**.

- i verbi forti (senza particella) sono composti dal suffisso **ge-** + **radice del verbo + en**. La radice del participio passato può essere identica a quella dell'infinito o presentare un'alterazione vocalica: **fahren → gefahren / sprechen → gesprochen**.

- i verbi con particella inseparabile e i verbi terminanti in **-ieren** non aggiungono il suffisso **ge-**: **besuchen → besucht / reparieren → repariert**.

- i verbi con particella separabile intercalano il prefisso **ge-** tra la particella e la radice del verbo: **aufmachen → aufgemacht**.

*Per la regola dei verbi separabili e inseparabili vi rimandiamo al *capitolo 15*.

1 Completate le frasi inserendo il participio passato dei verbi qui sotto (sono tutti verbi deboli):

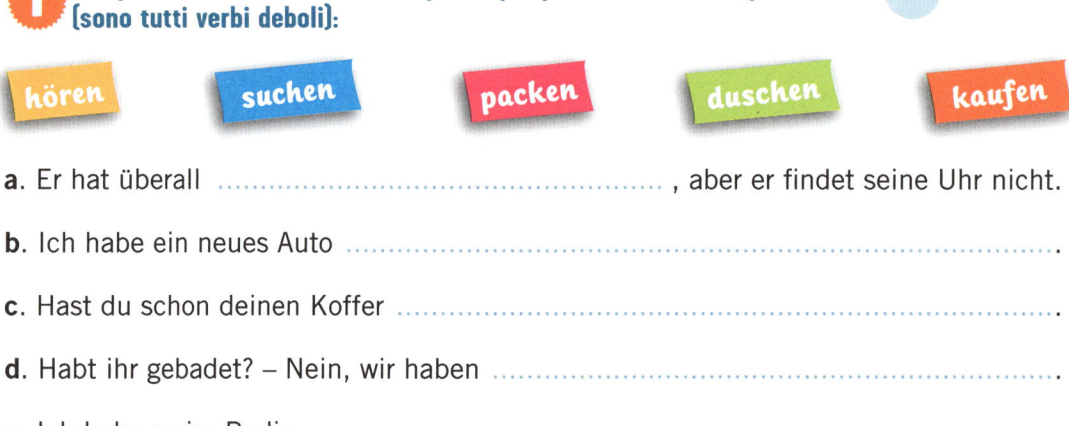

hören   suchen   packen   duschen   kaufen

a. Er hat überall ...., aber er findet seine Uhr nicht.

b. Ich habe ein neues Auto ....

c. Hast du schon deinen Koffer ....

d. Habt ihr gebadet? – Nein, wir haben ....

e. Ich habe es im Radio ....

PERFEKT

2 Indicate il participio passato o l'infinito dei seguenti verbi:

a. sehen → ....
b. trinken → ....
c. finden → ....
d. laufen → ....
e. nehmen → ....
f. gesprungen → ....
g. geholfen → ....
h. gegessen → ....
i. geblieben → ....
j. gegangen → ....

3 Indicate il participio passato dei seguenti verbi:

a. telefonieren → ....
b. abschicken* → ....
c. einladen* → ....
d. ankommen* → ....
e. versuchen → ....
f. gehören → ....
g. verbieten → ....
h. reparieren → ....

*particella separabile

Uso di *haben* e *sein*

- Si coniugano con **haben**:
  - i verbi transitivi (= seguiti da complemento oggetto): **Sie haben die Tür geöffnet**.
  - i verbi pronominali e riflessivi: **Ich habe mich geirrt. / Er hat sich gekämmt**.
  - i verbi intransitivi che esprimono una posizione, uno stato o un processo ancora in corso, fatta eccezione per **bleiben** (*restare*) e **sein** (*essere*): **Ich habe eine Stunde im Regen gestanden. / Wie lange hast du geschlafen?**

Anfangen / beginnen, *cominciare*, e **aufhören**, *smettere*, valgono come verbi che indicano uno stato, pertanto si coniugano con **haben**.

- Si coniugano con **sein**:
  - i verbi intransitivi che esprimono un cambiamento di stato / luogo o un movimento: **Er ist gewachsen. / Ich bin nach Hause gegangen**.
  - i verbi **bleiben** e **sein**: **Ich bin in Rom gewesen**.

- Attenzione: **fahren** e qualche altro raro verbo di movimento possono essere utilizzati sia transitivamente che intransitivamente. A seconda del loro uso, costruiscono i tempi composti rispettivamente con **haben** e **sein**.
  - **Ich habe das Auto in die Garage gefahren** (transitivo) ≠ **Ich bin nach Berlin gefahren** (intransitivo).

PERFEKT

4 Completate le frasi con *haben* e *sein*.

a. Ich .... einen schönen Film gesehen.
b. Wir .... zu Fuß gegangen.
c. Sie *(3ª persona plurale)* .... eine Stunde auf den Bus gewartet.
d. Wie lange .... ihr geblieben?
e. Schnell, der Film .... schon angefangen.
f. Es .... den ganzen Tag geregnet.

5 Volgete le frasi al passato prossimo.

a. Er trinkt viel.
→ ....

b. Er läuft schnell.
→ ....

c. Er wäscht sich.
→ ....

d. Es schneit.
→ ....

e. Er ist bei mir.
→ ....

f. Er kommt.
→ ....

La negazione

Esistono due modi per esprimere la negazione:

- **Nicht** è la negazione principale. Può riferirsi all'intera frase o a un solo elemento della frase; la sua posizione varia a seconda dell'elemento che si intende negare.

Quando la negazione si riferisce a tutta la frase, **nicht** si colloca:

– davanti al complemento con preposizione: **Peter wohnt nicht in Frankreich**.
– davanti all'aggettivo o avverbio qualificativo: **Sie ist nicht groß**. / **Es ist nicht viel**.
– dopo il complemento senza preposizione: **Ich komme morgen nicht**.

Quando la negazione si riferisce a un solo elemento della frase, **nicht** si colloca davanti all'elemento da negare. In questo caso la frase è spesso completata dall'avverbio **sondern**: **Nicht Peter lebt in Frankreich, sondern sein Bruder**.

- **Kein** è la negazione dell'articolo indeterminativo **ein**: **Es gibt ein Kino**. → **Es gibt kein Kino**. Diversamente da **ein**, possiede una forma plurale: **Es gibt Kinos**. → **Es gibt keine Kinos**. (si coniuga come *ein/mein*, vedi declinazione a pag. 120).

- **Kein** è anche la negazione:

– dei gruppi nominali senza articolo: **Ich esse Brot und trinke Wein**. *Mangio pane e bevo vino*. → **Ich esse kein Brot und trinke keinen Wein**. Notate che in tedesco l'articolo partitivo *di, della/dello, dei/delle*, non esiste, da cui l'assenza di articolo nelle frasi positive.

– delle espressioni senza articolo: **Ich habe Zeit**. → **Ich habe keine Zeit**.

Una volta non fa usanza si traduce **Einmal ist keinmal** (*Una volta è nessuna volta*).

PERFEKT

6 Mettete la frase alla forma negativa.

a. Ich habe ein neues Auto.
→ ....

b. Sie ist zu schnell gefahren.
→ ....

c. Ich habe Arbeit.
→ ....

d. Ich liebe dich.
→ ....

e. Das ist Gold.
→ ....

f. Ich denke an die Arbeit.
→ ....

7 Unite ciascuna frase alla sua traduzione italiana.

1. Ich habe keine Angst.
2. Ich habe keinen Durst.
3. Ich habe kein Geld.
4. Ich habe keine Ahnung.
5. Ich habe keinen Bock.
6. Ich habe keinen Hunger.
7. Ich habe keine Lust.

a. Non ne ho idea.
b. Non ho fame.
c. Non ho voglia.
d. Non mi va.
e. Non ho sete.
f. Non ho soldi.
g. Non ho paura.

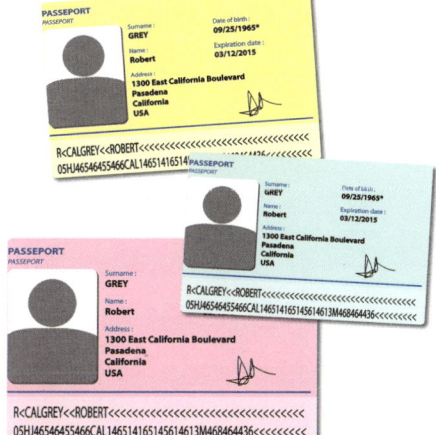

Vocabolario per indicare la propria identità e presentarsi

Der Personalausweis è la *carta d'identità*, e **der Reisepass**, il *passaporto*. Alcuni dei termini che troviamo nei documenti di identità fanno parte del vocabolario corrente, altri invece sono più specifici. Gli esercizi che seguono vi permetteranno di impararne di nuovi o di memorizzare quelli ancora un po' incerti. Per cominciare, allenatevi ripetendo l'espressione: **Sag mir, wer deine Freunde sind, und ich sage dir, wer du bist.**

PERFEKT

8 Completate il testo con i seguenti verbi al participio passato:

studiert geboren **gewesen** kennen gelernt

gelernt gemacht (x2) gegeben gegangen

Ich heiße Robert Schmitt und bin Deutscher. Ich bin am 5.09.1982 in Köln .... 2001 habe ich das Abitur .... und bin dann für 2 Jahre nach Südamerika .... Es war sehr interessant. Ich habe Spanisch und Portugiesisch ...., und um Geld zu verdienen habe ich Englisch- und Deutschkurse .... Fremdsprachen interessieren mich sehr, da ich gern reise. Insgesamt bin ich schon in 54 Ländern .... Nach meiner Rückkehr aus Südamerika habe ich von 2003 bis 2010 Medizin an der Universität Berlin .... und habe dann ein Praktikum im Stadtkrankenhaus von Heidelberg .... Da habe ich meine Frau .... Nun arbeite ich als Kinderarzt in einer Klinik in Köln (…).

9 Riferendovi al testo appena letto, completate il seguente formulario eliminando le informazioni superflue.

```
1. Name :                      2. Vorname :

3. Geburtstag:                 4. Geburtsort :

5. Staatsangehörigkeit :

6. Familienstand : ledig, verheiratet, geschieden, verwitwet.

7. Ausbildung/Studium :

8. Beruf :

9. Sprachen :


10. Hobbys :
```

PERFEKT

10 Ecco altri termini che potete trovare sui documenti d'identità. Scrivetene a lato la traduzione italiana corrispondente: *data di scadenza, colore degli occhi, altezza, sesso, residenza, firma del titolare.*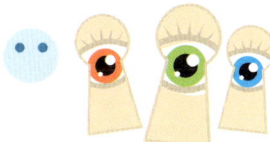

a. Augenfarbe → ....

b. Geschlecht → ....

c. gültig bis → ....

d. Wohnort → ....

e. Unterschrift des Inhabers → ....

f. Größe → ....

11 Nella tabella di destra si nascondono le traduzioni dei seguenti termini:

musica, dipingere/pitturare, sport, cucinare, ballare, cinema, scacchi, cantare, leggere

T	M	A	L	E	N	P	S
U	U	T	O	A	O	F	P
K	S	A	K	S	T	G	O
M	I	N	O	H	E	V	R
B	K	Z	C	I	S	E	T
V	U	E	H	U	A	S	E
O	K	N	E	K	L	A	R
I	S	I	N	G	E	N	U
H	C	E	R	I	S	U	T
R	H	H	S	M	E	I	D
E	A	N	K	I	N	O	D
B	C	M	V	L	H	O	S
B	H	L	M	K	U	L	V

Bravi, avete appena concluso il capitolo 3! Contate le icone e riportate il risultato a pagina 128 per la valutazione finale.

4 Präteritum

Coniugazione e uso del Präteritum

Originariamente il Präteritum era utilizzato per riportare un fatto accaduto nel passato. **Es war einmal...** *C'era una volta...* Oggi l'uso di questo tempo verbale, equivalente del nostro passato remoto, ma che spesso traduciamo con il passato prossimo, è sempre meno frequente, specialmente nel linguaggio parlato dove si preferisce sostituirlo con il Perfekt.

- Il Präteritum dei verbi deboli si forma con la **radice dell'infinito + le desinenze del Präteritum**: spielen ➜ ich spiel**te**, du spiel**test**, er/sie/es spiel**te**, wir spiel**ten**, ihr spiel**tet**, sie/Sie spiel**ten**.

- Il Präteritum dei verbi forti si forma con la **radice del verbo al Präteritum + desinenze del Präteritum**. Tutti i verbi forti modificano la vocale radicale: sehen ➜ ich s**a**h, du s**a**hst, er/sie/es s**a**h, wir s**a**hen, ihr s**a**ht, sie/Sie s**a**hen / laufen ➜ ich l**ie**f, du l**ie**fst...

- Attenzione: la coniugazione di **sein**, **haben** e **werden** segue una regola leggermente diversa da quella appena vista.

1 Completate la tabella inserendo il Präteritum dei verbi *bauen* e *sagen*.

ich	du	er/sie/es	wir	ihr	sie/Sie
ich baute					
			wir sagten		

2 Completate la tabello inserendo il Präteritum dei verbi *laufen* e *lügen*.

ich	du	er/sie/es	wir	ihr	sie/Sie
			liefen		
					logen

PRÄTERITUM

3 Completate le tabelle.

Infinito	Präteritum
....	trug
....	half
....	schrieb
....	gab

Infinito	Präteritum
nehmen	....
gehen	....
lesen	....
fliegen	....

4 Completate la tabella inserendo le forme verbali mancanti al Präteritum.

ich	du	er/sie/es	wir	ihr	sie/Sie
war	....	....	....	wart	....
....	....	hatte	hatten	....	....
wurde	....	....	....	....	wurden

Particolarità fonetiche

I verbi al Präteritum seguono la stessa logica dei verbi al presente e all'imperativo.

- i verbi deboli la cui radice termina in **-d**, **-t**, o con alcuni gruppi consonantici **-chn**, **-tm**..., aggiungono una **-e** davanti alla desinenza del Präteritum: **arbeiten → ich arbeitete, du arbeitetest**...

- i verbi forti la cui radice termina in **-d** o **-t** aggiungono una **e** intercalare alla 2ª persona plurale, talvolta anche alla 2ª persona singolare. La regola per il singolare è tuttavia meno rigida: **reiten → ich ritt, du ritt(e)st, er ritt... ihr rittet...**

- i verbi la cui radice termina in **-s**, **-ss** o **-ß** aggiungono una **-t** alla 2ª persona singolare: **blasen → du bliest**. Notate che esiste una variante con **-est → du bliesest**, tuttavia oggi è meno frequente.

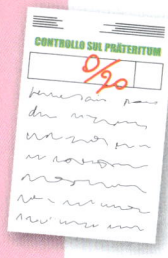

5 Coniugate i verbi al Präteritum nella persona indicata.

a. ich fand → ihr ....

b. ich zeichnete → du ....

c. ich las → du ....

d. ich redete → sie *(3ª p. pl.)* ....

PRÄTERITUM

6 Da ciascun sostantivo ricavate il verbo corrispondente alla forma dell'infinito e riportatene accanto la traduzione: *sentire/provare, pregare/chiedere, pregare, litigare, consigliare, atterrare.*

a. die Landung → .... → ....

b. das Gebet → .... → ....

c. der Rat → .... → ....

d. der Streit → .... → ....

e. die Bitte → .... → ....

f. die Empfindung → .... → ....

Casi particolari

I **verbi deboli irregolari** presentano caratteristiche comuni ai verbi deboli e a quelli forti: sono regolari al presente e, come i verbi forti, modificano la radice al passato pur aggiungendo le desinenze dei verbi deboli: **rennen – rannte – gerannt**. Esistono **6** verbi deboli irregolari: **rennen, bringen, denken, kennen, nennen, brennen**, + altri **2** che possono essere coniugati come verbi deboli: **senden** *inviare* → **sendete/ sandte – gesendet/gesandt** e **wenden** *girare* → **wendete/wandte – gewendet/ gewandt**.

7 Completate le frasi con *rennen, nennen, brennen, kennen, denken* al presente indicativo.

a. Seit wie viel Jahren .... ihr euch?

b. Hilfe! Es ....

c. Ich heiße Alexander aber alle .... mich Alex.

d. Er .... sehr schnell.

e. Ich .... die ganze Zeit an dich.

8 Indicate il Präteritum (3ª pers. sing.) e il participio passato dei seguenti verbi.

a. brennen → .... → ....

b. bringen → .... → ....

c. denken → .... → ....

d. kennen → .... → ....

e. nennen → .... → ....

PRÄTERITUM

Tradurre *quando*

I tedeschi amano la precisione, e l'uso dell'avverbio *quando* ne è un buon esempio. A seconda del contesto, esso si tradurrà **als**, **wenn** o **wann**.

- **als + verbo al Präteritum** indica un evento preciso, accaduto una sola volta nel passato, di breve o lunga durata, e traduce *quando* con il significato di *nel momento in cui*.
  → **Er rief an, als ich im Garten war.** *Telefonò quando/nel momento in cui ero in giardino.*

- **wenn + verbo al Präteritum** significa *quando* nel senso di: *ogni volta / tutte le volte che* e può essere preceduto da **jedes Mal**.
  → **(Jedes Mal) Wenn er Zeit hatte, ging er zu Fuß.** *Tutte le volte che/quando aveva tempo, andava a piedi.*

- **wenn + verbo al presente** indica sia un momento preciso o ripetuto nel futuro sia un evento ricorrente nel presente.
  → **Wenn ich groß bin…** *Quando sarò grande…*
  → **(Jedes Mal) Wenn er kann…** *Ogni volta che può…*

  Notate che **wenn** può anche tradurre *se* (vedi capitolo 6).

- **wann** significa *quando* nelle interrogative dirette e indirette.
  → **Wann kommt er?** *Quando viene?*
  → **Ich frage mich, wann er kommt.** *Mi chiedo quando verrà.*

9 Completate le frasi con *als*, *wenn* o *wann*.

a. .... ich 18 werde, mache ich eine große Feier.

b. Meistens ging ich zu Fuß zur Schule, aber .... es regnete, nahm ich immer den Bus.

c. Ich weiß nicht, ... der Film beginnt.

d. .... er sein erste Stelle bekam, war er 22.

10 Traducete le subordinate introdotte da *als*: tutte indicano un momento unico e irripetibile della vita.

a. Als er geboren ist* ....

b. Als er 20 wurde ....

c. Als er das Abitur machte ....
....

d. Als er heiratete ....

e. Als er sein erstes Kind bekam, ...
....

f. Als er starb ....

*in questo caso, il verbo è al passivo.

PRÄTERITUM

Il vocabolario del tempo cronologico

Per chiedere l'ora potete usare entrambe le espressioni **Wie spät ist es?** e **Wie viel Uhr ist es?** Rispondere è un po' più difficile, soprattutto quando si indicano gli orari non ufficiali.

- Si utilizzano i numeri fino a 12 e si indicano i minuti seguiti dall'ora intera. Quando in italiano si usa la congiunzione *e*, in tedesco si utilizza la preposizione **nach** (dopo). Fino alla mezz'ora ci si riferisce all'ora appena trascorsa → **5.10** → **zehn nach fünf**. Oltre la mezz'ora si usa **vor** (prima), che traduce il nostro *meno*, e ci si riferisce all'ora che verrà dopo → **5.50** → **zehn vor sechs**. *Quarto* si dice **Viertel**; *mezza* si dice **halb**. ATTENZIONE: per indicare che è trascorsa mezz'ora dall'ora in punto, dovete riferirvi all'ora che verrà dopo: **7.30** si dice **halb acht** e non ~~halb sieben~~. Ultima precisazione: i termini **Mittag** *mezzogiorno* e **Mitternacht** *mezzanotte* si usano solo per indicare l'ora intera, in tutti gli altri casi si usa **12**: **Viertel nach zwölf** e non ~~Viertel nach Mittag~~ o ~~Mitternacht~~.

- Indicare gli orari ufficiali (treni, autobus, aerei…) è molto più semplice: si usano le cifre da 0 a 24 e si indica l'ora seguita dai minuti (senza congiunzione): **13.10** → **dreizehn Uhr zehn**.

11 Scrivete gli orari in lettere nei due modi possibili.

a. 5.45 → .... / ....
b. 8.10 → .... / ....
c. 14.30 → .... / ....
d. 17.15 → .... / ....
e. 8.05 → .... / ....
f. 15.10 → .... / ....

12 Cerchiate la risposta corretta.

a. alle 10.00 → **um/im/am 10 Uhr**
b. verso le 10.00 → **um/gegen/Richtung 10 Uhr**
c. la mattina → **am/im/bei Morgen**
d. di mattina → **am/im/zum Vormittag**
e. a mezzogiorno → **am/in der/im Mittag**
f. al pomeriggio → **am/in der/im Nachmittag**
g. di sera → **am/im/zum Abend**
h. di notte → **durch die/an der/in der Nacht**
i. A che ora? → **Um welche Uhr?/Um wie viel Uhr?/An wie viel Uhr?**

PRÄTERITUM

Ieri mattina, domani sera…

Si utilizzano i termini **gestern**, **heute**, **morgen**… + **Morgen**, **Vormittag**, **Mittag**… La costruzione è simile a quella italiana → **gestern Abend** *ieri sera*, **morgen Mittag** *domani a mezzogiorno* tranne nel caso di **heute** *questo/a* → **heute Nacht** *questa sera / stasera*. Inoltre, *domani mattina* non si dice ~~morgen Morgen~~ ma **morgen früh** !

13 Traducete.

a. stasera → .... c. ieri mattina → ....
b. domani a mezzogiorno → .... d. questo pomeriggio → ....

14 Parole crociate: trovate la traduzione delle seguenti parole.

↓ **Verticale**
2J tempo
6C svegliare
6J sonno
9C suonare
11A orologio
11E minuto
14A svegliarsi
(questo verbo deriva dalla radice di svegliare)

→ **Orizzontale**
1L addormentarsi
(questo verbo si costruisce dalla radice di dormire)
4E sveglio
6C risveglio
6J ora *(60 minuti)*
8H secondo

	1	2	3	4	5	6	7	8	9	10	11	12	13	14
A														A
B														
C						W			K					
D														W
E														A
F														
G									G					
H														
I														
J						S								
K														
L	E		N											
M														
N														
O							F							

Bravi, avete appena concluso il capitolo 4! Contate le icone e riportate il risultato a pagina 128 per la valutazione finale.

5 Futuro

Coniugazione e uso del futuro

- Il futuro semplice (o Futur I) è un tempo composto che si costruisce con l'ausiliare **werden** al **presente + verbo all'infinito** collocato alla fine della frase. Si impiega per esprimere un'azione o situazione che avrà luogo nel futuro o una supposizione: **Wir werden einen Ausflug machen**. / **Es wird wohl regnen.**

- Tuttavia, nella maggior parte dei casi, i tedeschi usano il presente per riferirsi a un fatto futuro. In questo caso (ma non sistematicamente) si aggiungerà un avverbio o un complemento di tempo: **Am Sonntag machen wir einen Ausflug.** *Domenica faremo una gita.* / **Das mache ich.** *Lo farò.*

- Esite anche il futuro anteriore (o Futur II), ma si tratta di un tempo verbale il cui uso è poco frequente.

- Oltre alla funzione di ausiliare, **werden** svolge anche quella di verbo che in italiano si traduce con *diventare, cominciare a essere, essere* (o con una formulazione equivalente). Spesso è seguito dall'aggettivo, talvolta dal sostantivo: **Er wird groß.** *Diventerà grande.*

1 Coniugate i verbi al futuro semplice.

a. nach Berlin fliegen *(2ª persona singolare)* → ....

b. dir helfen *(1ª persona plurale)* → ....

c. anrufen *(3ª persona singolare)* → ....

d. einen Brief bekommen *(forma allocutiva Lei)* → ....

2 Trasformate le frasi come nell'esempio.

Esempio: Wir werden einen Ausflug machen. → Morgen machen wir einen Ausflug.

a. Sie wird dir eine Mail schreiben. → Morgen ....

b. Das werden sie machen. → Am Dienstag ....

c. Es wird schneien. → Am Wochenende ....

FUTURO

3 Completate le frasi con le parole qui sotto:

Elektriker   dunkel   **Zeit**   SPÄT   gelb   hell

a. Im Sommer wird es um 6Uhr ……………………… und um 22 Uhr ……………………… .

b. Mein Sohn macht eine Lehre *(formation)*, er wird ……………………… .

c. Wir müssen nach Hause. Es wird ……………………… .

d. Seit sechs Monaten macht er nichts. Es wird ……………………… , dass er Arbeit sucht.

e. Im Herbst werden die Blätter ……………………… .

Tradurre *prima (che)* e *dopo (che)*

In tedesco la traduzione di questi termini varia a seconda della funzione grammaticale che svolgono all'interno della frase.

- **vor**, *prima* e **nach**, *dopo* **+ dativo** sono preposizioni.
  → **Kommst du vor oder nach der Schule?**

- **davor**, *prima* e **danach**, *dopo* sono avverbi (esistono altri avverbi sinonimi).
  → **Die Schule beginnt um 9 Uhr. Kommst du davor oder danach?**

- **bevor**, *prima che* e **nachdem**, *dopo che* sono congiunzioni subordinanti. Attenzione: **bevor** e **nachdem** sono sempre seguiti dal verbo coniugato, mai dall'infinito!
  → **Ich komme, bevor ich in die Schule gehe.** ~~Ich komme bevor in die Schule zu gehen.~~

Notate la concordanza dei tempi verbali all'interno della frase con **nachdem**:

  → **Ich komme, nachdem ich die Kinder in die Schule gebracht habe.**
      presente   participio passato

  → **Ich kam, nachdem ich die Kinder in die Schule gebracht hatte.**
      Präteritum   trapassato prossimo*

  *Il trapassato prossimo segue le regole del passato prossimo, fatta eccezione per l'ausiliare che si coniuga al Präteritum.

FUTURO

4 Alcune di queste frasi contengono un errore. Trovatelo e correggetelo.

a. **Bevor** dem Essen gehe ich ins Schwimmbad.
→ ....

b. Ich komme, **nachdem** ich die Einkäufe gemacht habe.
→ ....

c. Wenn der Film bis 22Uhr dauert, gehe ich lieber **vor** etwas essen.
→ ....

d. Essen wir **vor** oder **nachdem** dem Film?
→ ....

5 Coniugate i verbi tra parentesi.

a. Ich rufe dich an, nachdem ich alles .... **(machen)**.

b. Nachdem er lange in Chile .... **(leben)**, kam er zurück.

c. Er .... **(gehen)** nach Deutschland, nachdem er seine Arbeit verloren hatte.

d. Ich .... **(putzen)** die Küche, nachdem du den Kuchen gebacken hast.

Vocabolario delle professioni

I nomi delle professioni vanno imparati a memoria. Generalmente per formare il corrispondente femminile di un sostantivo maschile basta aggiungere a quest'ultimo il suffisso **-in**, talvolta una dieresi sulle vocali **a**, **o**, **u**: **der Lehrer → die Lehrerin**, **der Arzt → die Ärztin**. Ma le regole, si sa, sono spesso confermate dalle eccezioni, come nel caso di: **der Friseur → die Friseuse**. E come in italiano, alcuni mestieri non esistono che al maschile o solo al femminile.

6 Trovate la traduzione tedesca dei seguenti termini: *poliziotto, infermiera, medico, avvocato, parrucchiere, giardiniere, pompiere, attore, artigiano, informatico, meccanico, assicuratore.*

a. Handwerker → ....
b. Polizist → ....
c. Rechtsanwalt → ....
d. Informatiker → ....
e. Feuerwehrmann → ....
f. Gärtner → ....
g. Schauspieler → ....
h. Mechaniker → ....
i. Arzt → ....
j. Krankenschwester → ....
k. Friseur → ....
l. Versicherer → ....

FUTURO

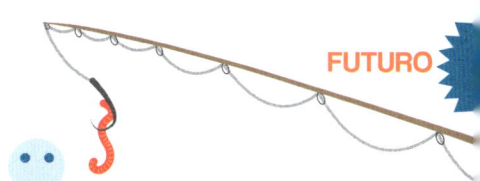

7 Ricavate le professioni a partire dal verbo e indicatene il corrispettivo femminile. Esempio: *fischen* → *die Fischerin*

a. kochen → .... | e. verkaufen → ....
b. singen → .... | f. tanzen → ....
c. musizieren → .... | g. lehren → ....
d. backen → .... | h. putzen → ....

8 Indicate le professioni esercitate nei luoghi qui sotto (fate riferimento agli esercizi 6 e 7). Per ciascun luogo possono essere indicate 2 professioni.

a. Krankenhaus → .... | f. Kanzlei → ....
b. Schule → .... | g. Praxis → ....
c. Orchester → .... | h. Geschäft → ....
d. Restaurant → .... | i. Bäckerei → ....
e. Werkstatt → .... | j. Meer → ....

Domani o mattino

In tedesco gli omonimi **morgen**, *domani*, e **der Morgen**, *il mattino / la mattina*, ricorrono in numerose espressioni idiomatiche.

9 Aiutandovi con la traduzione letterale tra parentesi, ricavate le espressioni italiane corrispondenti o contrarie, e spiegatene il significato.

a. Morgen ist auch noch ein Tag. *(Domani è anche ancora un giorno)*
   → ....

b. Morgen, morgen, nur nicht heute, sprechen immer faule Leute.
   (Domani, domani, solo non oggi, dicono sempre le persone pigre)
   → ....

c. Morgenstund hat Gold im Mund. *(L'ora del mattino ha l'oro in bocca)*
   → ....

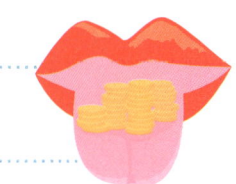

Bravi, avete appena concluso il capitolo 5! Contate le icone e riportate il risultato a pagina 128 per la valutazione finale.

Konjunktiv II

Coniugazione e uso del Konjunktiv II

Il Konjunktiv II è il tempo verbale dell'irrealtà: serve a esprimere una supposizione, una richiesta o un desiderio. Esistono due forme di Konjuntiv II: la prima **(Konjunktiv II ipotetico)** si usa per esprimere una situazione nel presente, la seconda **(Konjunktiv II irreale)**, per esprimere una situazione che avremmo voluto si fosse realizzata nel passato. Esistono inoltre una forma per il futuro, detta **Konjuktiv II Futur**, oggi praticamente caduta in disuso, e una utilizzata nella lingua scritta, **Konjuktiv I**, per riportare un discorso indiretto.

- **Konjunktiv II ipotetico**: si costruisce in due modi:

    – Forma composta: **ausiliare werden al Konjuktiv II ipotetico + infinito del verbo** posto al fondo della frase ➜ **Wir würden es anders machen.**

    – Forma semplice: **radice del verbo al Präteritum + inflessione della vocale a, o, u** (salvo per i verbi **wollen** e **sollen**) + **desinenze** (vedi tavole di coniugazione pagg. 118-119). Questa forma ricorre raramente, ma è obbligatoria con i verbi **sein**, **haben**, **werden, i sei verbi di modo** e **wissen**.

Infinito	Radice Präteritum	Inflessione (tranne wollen e sollen)	
haben	ich hatt	ich hätt + e	hätte
wollen	du wollt	du wollt + est	wolltest

Alla 2ª persona singolare del verbo **sein**, la **e** può essere omessa: **du wärst/du wärest** (più raro).

- **Konjuntik II irreale**: **ausiliare haben o sein al Konjuntiv II ipotetico + participio passato del verbo** al fondo della frase: **Ich hätte es gemacht. / Ich wäre mitgefahren.**

1 Coniugate i verbi al Konjuntiv II ipotetico (forma composta).

a. schlafen – ich
➜ ....

b. lernen – er
➜ ....

c. gehen – ihr
➜ ....

d. anrufen – du
➜ ....

e. lesen – wir
➜ ....

f. warten – Sie
➜ ....

KONJUNKTIV II

2 Coniugate i verbi al Konjunktiv II ipotetico (forma semplice).

a. wissen – wir
→ ....

b. können – du
→ ....

c. wollen – ihr
→ ....

d. sein – sie *(3ª pers. plur.)*
→ ....

e. dürfen – du
→ ....

f. müssen – er
→ ....

g. wissen – ihr
→ ....

h. sein – ich
→ ....

i. haben – Sie
→ ....

3 Coniugate i verbi al Konjunktiv II irreale.

a. kommen – ich
→ ....

b. bleiben – wir
→ ....

c. sagen – du
→ ....

d. fragen – ihr
→ ....

e. schreiben – er
→ ....

f. gehen – Sie
→ ....

Subordinata condizionale introdotta da *wenn* (se)

Come l'italiano, anche il tedesco distingue tre tipologie di condizione. Prestate attenzione alla concordanza dei tempi verbali per il 2° e il 3° caso.

- Se la condizione è realizzabile, la principale e la subordinata introdotte da **wenn** sono al tempo presente:
  → **Wenn ich kann, komme ich mit euch.**

- Se la condizione equivale a un'ipotesi non ancora realizzata, la principale e la subordinata introdotta da **wenn** sono al Konjunktiv II ipotetico:
  → **Wenn ich könnte, würde ich mit euch kommen.**
     Se <u>potessi</u>, verrei con voi.

- Se la condizione è un'ipotesi che non si è realizzata nel passato, la principale e la subordinata introdotta da **wenn** sono al Konjunktiv II irreale:
  → **Wenn ich gekonnt hätte, wäre ich mit euch gekommen.**
     Se <u>avessi potuto</u>, sarei venuto con voi.

(Per la sintassi, vi rimandiamo al capitolo 13)

Infine un'espressione sempre utile: **Wenn das Wörtchen wenn nicht wäre...** (lett.: *Se la parolina "se" non ci fosse...*), Se mia nonna avesse le ruote, sarebbe una carriola.

KONJUNKTIV II

4 Coniugate i verbi della subordinata condizionale al tempo corretto.

a. Wenn ich Geld .... (haben), würde ich eine Weltreise machen.

b. Wenn wir jünger .... (sein), hätten wir es gemacht.

c. Wenn du Glück .... (haben), kannst du einen Computer gewinnen.

d. Wenn es nicht .... (regnen), wären wir ans Meer gefahren.

e. Ich würde dich heiraten, wenn ich .... (können).

f. Ich wäre der glücklichste Mann der Welt, wenn du mich .... (lieben).

5 Unite le frasi esclamative introdotte da *wenn* al loro equivalente italiano.

1. Wenn ich das gewusst hätte!
2. Wenn ich nur mehr Geld hätte!
3. Wenn Sie nichts dagegen haben!
4. Wenn es möglich wäre!
5. Wenn es so ist!

a. Se fosse possibile!
b. Se non ha niente in contrario!
c. Se è così!
d. Se l'avessi saputo!
e. Se solo avessi più soldi!

Tradurre *se*

Sebbene entrambe le congiunzioni **wenn** e **ob** traducano il nostro *se*, il significato che esse esprimono è tuttavia diverso. Per non confondersi, occorre ricordare che:

- **Wenn** esprime il *se* condizionale.

- **Ob** serve a riportare un'interrogativa indiretta ed è spesso introdotta da un verbo o una locuzione: **sich fragen, nicht sicher sein, nicht wissen, wissen** (in un'interrogativa), ecc.: **Ich frage mich, ob er kommt**.

6 *Wenn* oppure *ob*?

a. Ich bin mir nicht sicher, ... er kommt.

b. .... du möchtest, können wir ihn einladen.

c. Wissen Sie, ... es noch weit ist?

d. Wir wären früher gefahren, ... ich das Auto gehabt hätte.

e. .... es morgen schön wird, das frage ich mich.

f. Frag doch, ... er mit dem Zug oder mit dem Auto kommt?

g. Ich weiß nicht, ... er zufrieden gewesen wäre, ... ich ihm dieses Buch geschenkt hätte.

KONJUNKTIV II

Omonimi

Alcuni sostantivi presentano la stessa, o quasi, identica forma al singolare, ma non hanno lo stesso genere, es: **der See** *il lago* e **die See** *il mare*. La maggior parte di essi hanno plurali diversi, tranne alcune eccezioni: **der See → die Seen / die See → die Seen**. In generale, uno dei due omonimi appartiene sempre al linguaggio corrente, mentre l'altro termine è più ricercato o specialistico. L'esercizio qui sotto ve ne darà qualche esempio.

7 Associate ciascuna coppia di omonimi alla traduzione corrispondente.

1. der Band / die Bände
2. das Band / die Bänder

a. il volume *(libro)*
b. il nastro

3. der Kaffee / die Kaffeesorten
4. das Café / die Cafés

c. il caffè *(bevanda)*
d. il caffè *(luogo)*

5. der Leiter / die Leiter
6. die Leiter / die Leitern

e. la scala
f. il direttore

7. die Steuer / die Steuern
8. das Steuer / die Steuer

g. l'imposta
h. il volante

9. die Taube / die Tauben
10. der Taube / die Tauben

i. il sordo
j. il piccione

11. der Junge / die Jungen
12. das Junge / die Jungen

k. il cucciolo
l. il ragazzo

13. der Tor / die Toren
14. das Tor / die Tore

m. la porta / rete
n. lo stolto

KONJUNKTIV II

Vocabolario dell'abbigliamento

Se vi lasciate tentare dall'acquisto di un abito, sappiate che le taglie italiane non equivalgono a quelle tedeche o austriache. In genere sussiste una differenza di 4 misure: ovvero una 36 tedesca corrisponde a una 40 italiana, e così via. Per accertarvi che ciò che indossate sia della vostra taglia, non esitate a farvi indicare **die Umkleidekabine**, *il camerino di prova*.

8 Completate il vostro guardaroba con le vocali mancanti.

a. H _ S _ *(f) pantaloni*
b. H _ MD *(n) camicia*
c. R _ CK *(m) gonna*
d. M _ NT _ L *(m) cappotto*
e. KL _ _ D *(n) vestito*
f. J _ CK _ *(f) giacca*

g. P _ LL _ *(m) pullover*
h. SCH _ H _ *(pl) scarpe*
i. H _ T *(m) cappello*
j. _ N T _ RH _ S _ *(f) slip/mutanda*
k. STR _ MPF _ *(pl) calze*
l. STR _ MPFH _ S _ *(f) collant*

9 Completate le frasi con i seguenti termini: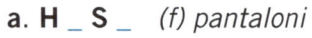

groß   Größe   Farbe   passt   lang
anprobieren   kurz   KLEIN   Paar

a. Welche .... haben Sie? *Che taglia porta?*
b. In welcher .... ? *In quale colore?*
c. Kann ich es bitte .... ? *Posso provarlo?*
d. Es ist zu .... und zu .... *È troppo piccolo e troppo corto.*
e. Es ist zu .... und zu .... *È troppo grande e troppo lungo.*
f. Ich nehme dieses .... Schuhe.
Prendo questo paio di scarpe.
g. Das .... mir. *Mi sta.*

KONJUNKTIV II

10 Parole crociate: trovate la traduzione di questi colori.

↓ **Verticale**
2A rosa
5C bianco
6G verde
7B arancione
9G blu
12F marrone

→ **Orizzontale**
1A grigio
2C nero
6G giallo
9H viola
12G rosso

11 Ricomponete i seguenti accessori unendo i termini di destra a quelli di sinistra e scrivetene accanto la traduzione italiana: *ombrello, occhiali da sole, fazzoletto, borsetta, bretelle, cintura, portamonete.*

a. Hand •   • schirm → ....

b. Gür •   • träger → ....

c. Hosen •   • beutel → ....

d. Geld •   • tuch → ....

e. Taschen •   • tasche → ....

f. Regen •   • brille → ....

g. Sonnen •   • tel → ....

Bravi, avete appena concluso il capitolo 6! Contate le icone e riportate il risultato a pag. 128 per la valutazione finale.

7 Passivo

Uso e coniugazione del passivo

In tedesco esistono due passivi: il **passivo d'azione** e il **passivo di stato**, composti rispettivamente con gli ausiliari **werden** e **sein**. In generale per tradurre questa sfumatura in italiano, si preferisce ricorrere alla forma attiva introdotta dal cosiddetto *si* passivante. Benché la voce passiva possa essere coniugata a tutti i tempi verbali, si usa perlopiù al presente, al Präteritum e al passato prossimo.

- Il passivo d'azione indica che l'azione è ancora in corso. Si costruisce con **werden + participio passato del verbo** collocato in fondo alla frase. Il complemento d'agente, ovvero il soggetto della frase attiva, è preceduto dalla preposizione **von**.
  – Presente: **Die Katze isst die Maus.** → **Die Maus wird von der Katze gegessen.**
  – Präteritum: **Die Katze aß die Maus.** → **Die Maus wurde von der Katze gegessen.**
  – Passato prossimo: **Die Katze hat die Maus gegessen.** → **Die Maus ist von der Katze gegessen worden.**

Notate che **werden** costruisce il passato prossimo senza il prefisso **ge-**.

- Il passivo di stato indica che l'azione è conclusa, ovvero il risultato di un'azione. Si costruisce con **sein + participio passato del verbo** collocato al fondo della frase. Il complemento d'agente è invece omesso. Si utilizza soprattutto ai tempi presente e Präteritum. → **Das Brot ist/war gebacken.** *Il pane è/è stato cotto.*

La stessa frase, ma al passivo d'azione, indica che il pane è o era in corso di preparazione / cottura: **Das Brot wird/wurde gebacken.** *Si cuoce/Si sta cuocendo il pane* o *Il pane sta/stava cuocendo.*

Il pronome interrogativo **Von wem?** traduce *Da chi?*

1 Mettete queste frasi alla voce passiva o attiva.

a. Der Gärtner hat den Rasen gemäht.
→ ....

b. Die Techniker kontrollieren oft die Maschinen.
→ ....

c. Die Sekretärin schrieb den Brief.
→ ....

d. Dieses Bild wurde 1906 von Picasso gemalt.
→ ....

e. Von wem wurde die Zauberflöte komponiert?
→ ....

f. Ich bin von einer Wespe gestochen worden.
→ ....

g. Die Kinder packen die Geschenke ein.
→ ....

h. Das Haus wurde von meinem Vater gebaut.
→ ....

PASSIVO

2 Completate le frasi al passivo di stato.

Esempio: *Um fünf Uhr wird der Kuchen gebacken.* → *Um sieben Uhr ist der Kuchen gebacken.*

a. Um 20 Uhr wird das Geschäft geschlossen.
   → Um 21 Uhr ....
b. Um 12 Uhr wird das Essen gekocht.
   → Um 13 Uhr ....
c. Am Morgen wurde alles vorbereitet.
   → Am Abend ....
d. Vor der Feier wurde das ganze Haus geputzt.
   → Für die Feier ....

Il passivo impersonale

Se la frase attiva non ha un soggetto reale, nella frase passiva non si avrà il complemento d'agente. Si tratta in questo caso del cosiddetto **passivo impersonale** che traduce la voce attiva introdotta da **man** (*si*): **Man restauriert das Haus.** → **Das Haus wird restauriert.** Se nella frase attiva non si ha il complemento oggetto, la frase sarà introdotta dal pronome **es** o (qualora ve ne sia uno) da un complemento di tempo, di luogo…: **Man arbeitet viel.** → **Es wird viel gearbeitet.** / **Man arbeitet von 9-17 Uhr.** → **Von 9-17 Uhr wird gearbeitet.**

3 Mettete la frase al passivo impersonale.

a. Man hat das Auto repariert.
   → ....
b. Man tanzt viel.
   → ....
c. Man renoviert die Fassade.
   → ....
d. Damals schrieb man Briefe.
   → ....
e. Im Sommer aß man später.
   → ....
f. Man hat mich zum Essen eingeladen.
   → ....

4 Cerchiate l'alternativa corretta.

a. Das Auto wurde von der Polizei wieder **empfunden** • **erfunden** • **gefunden**. (*trovata*)
b. Wir wurden sehr nett **gefangen** • **empfangen** • **angefangen**. (*accolti*)
c. Das Essen ist schon **aufgestellt** • **bestellt** • **ausgestellt**. (*ordinato*)
d. Ich bin von der Polizei **angehalten** • **behalten** • **gehalten** worden. (*arrestato*)
e. Der Kranke wurde gründlich **versucht** • **untersucht** • **gesucht**. (*esaminato*)
f. Ich werde ständig **zerbrochen** • **gebrochen** • **unterbrochen**. (*interrotto*)

PASSIVO

Tradurre *vedere* e *guardare*

Vedere e *guardare* si traducono rispettivamente **sehen-sah-gesehen** (verbo forte) e **schauen-schaute-geschaut** (verbo debole). A prima vista, niente di difficile, ma le cose possono complicarsi quando preposizioni, pronomi riflessivi o particelle entrano in gioco. Analizziamo, passo a passo, tutte le costruzioni possibili di questi verbi.

- **gut**, **schlecht**... **sehen** significa *vedere bene, male...*: **Ich sehe schlecht.** *Vedo male.*

- **jn, etw. sehen** significa *vedere qcn., qcs.*: **Ich habe sie noch nie gesehen.** *Non l'ho mai vista.* / **Siehst du den Vogel fliegen?** *Vedi l'uccello volare?*

- **schauen + gruppo preposizionale** significa *guardare (da, verso...) qcn., qcs.*: **Warum schaust du ständig zum Fenster hinaus?** *Perché guardi costantemente dalla finestra?*

- **jn, etw. ansehen/anschauen** significa *guardare qcn., qcs.*: **Er sah/schaute mich böse an.** *Mi ha guardato male/con aria cattiva.*

- **sich etw. ansehen/anschauen** significa *guardare qcs. con attenzione/interesse*, talvolta anche *visitare qcs.*: **Hast du dir die Fotos angesehen/angeschaut?** *Hai guardato le foto?*

- Nota: *guardare la TV* si dice **fernsehen (ich sehe fern, ...)**.

5 Rifatevi alla traduzione italiana e cerchiate i verbi corretti.

a. Er hat mich lächelnd **gesehen** • **zugeschaut** • **angeschaut** • **angeseht**
   Mi ha guardato sorridendo.

b. Er hat sich dein Bild lange **gesehen** • **angesehen** • **geschaut** • **angeschaut**
   Ha guardato a lungo la tua foto.

c. Ich möchte mir die Kirche **ansehen** • **anschauen** • **zusehen** • **schauen**
   Vorrei visitare la chiesa.

d. Ohne Brille kann ich nichts **ansehen** • **sehen** • **anschauen**
   Senza occhiali non riesco a vedere niente.

e. Sie hat mehrmals auf die Uhr **gesehen** • **geschaut** • **angeschaut** • **geseht**
   Ha guardato più volte l'orologio. (letteralmente: *sull'orologio*)

PASSIVO

Vocabolario gastronomico

La colazione in tedesco si traduce **das Frühstück**, *il pranzo* invece **das Mittagessen**, mentre per *la cena* si possono usare i due termini **das Abendessen** e **das Abendbrot**. Quest'ultimo significa letteralmente *il pane della sera* e designa, in maniera appropriata, le abitudini alimentari dei tedeschi: in molte regioni il pasto serale, consumato tra le 18.00 e le 19.00, è piuttosto frugale e si compone solamente di pane, salumi e formaggi.

6 Completate le frasi inserendo le seguenti parole:

Gemüse Nachspeise Trinkgeld Getränke
Kuchen Fleisch Obstsalat Rechnung

a. Sie haben ein Menü mit einer Vorspeise, Hauptspeise und ....

b. Als Hauptspeise können Sie entweder Fisch oder .... nehmen, und als Beilage haben Sie die Wahl zwischen Kartoffeln, Reis oder ....

c. Dazu bestellen Sie auch .... : Wein, Bier oder Wasser.

d. Haben Sie sonst noch einen Wunsch? Ein Eis, ein Stück .... oder, wenn Sie auf Ihre Linie achten wollen, einen leichten ....

e. Zum Schluss fragen Sie nach einem Kaffee mit der .... Und normalerweise geben Sie der Bedienung auch ....

7 Unite ciascun termine tedesco alla traduzione italiana corrispondente.

1. Biergarten   • • a. fusto di birra
2. Bierkrug   • • b. birreria (all'aperto)
3. Bierkeller • • c. boccale di birra
4. Bierfass   • • d. festa della birra
5. Bierfest   • • e. birreria (in una cantina)

PASSIVO

8 Indovinello: qual è...

...quella verdura che inizia per:

→ **K di 9 lettere.** Antoine Parmentier l'ha resa famosa in tutto il mondo: ....

→ **K di 7 lettere.** Di colore arancione, le prime tre lettere che la compongono sono le stesse della parola precedente: ....

→ **S di 5 lettere.** Si mangia soprattutto condita con olio e aceto e la parola suona quasi come la sua traduzione italiana: ....

→ **B di 5 lettere.** Di colore verde, bianco o rosso e assomiglia alla parola "osso" in inglese: ....

→ **G di 6 lettere.** Parola tedesca per verdura: ....

...quel frutto che comincia per:

→ **A di 5 lettere.** È la causa per cui siamo stati cacciati dal paradiso: ....

→ **T di 6 lettere.** Di colore rosso e che in realtà non si mangia come dessert: ....

→ **O di 6 lettere.** Il suo nome è anche il suo colore: ....

→ **E di 9 lettere al plurale.** Frutto rosso le cui 4 vocali sono tutte E: ....

→ **F di 7 lettere al plurale o per O di 4 lettere.** Entrambi i termini significano frutta in tedesco: .... / ....

9 Inserite le lettere mancanti.

– Ich würde gern einen _ _ **S** _ _ reservieren. Für heute Abend 4 _ _ _ **S** _ _ _ _.

– Ja gern. Für wie viel **U** _ _ ?

– 20 **U** _ _ auf den _ _ _ _ **N** von Robert Schmitt. Wäre es draußen auf der **T**_ **R** _ _ _ _ _ möglich ?

– Ich schaue mal, ob noch etwas **f** _ _ _ ist. (...) Nein, um die Uhrzeit sind wir leider schon **v** _ _ _. Aber ab 21 **U** _ _ wäre es möglich.

– Nein, danke. Dann nehmen wir lieber einen **T** _ _ _ _ **d** _ **i** _ _ _ _.

– In Ordnung. Wie war der **N** _ _ _ ?

– Robert Schmitt.

PASSIVO

10 Parole crociate.

↓ **Verticale**
2F bicchiere
5C cucchiaio
9A tovagliolo

→ **Orizzontale**
9A sale
2C piatto
4F pepe
1H forchetta
8I coltello

Esprimere i sentimenti

Come in quasi tutte le lingue, anche in tedesco esistono numerose formule per esprimere i propri sentimenti o stati d'animo: indifferenza, fastidio… Eccone alcune che potranno servirvi per comunicare al vostro interlocutore come vi sentite.

11 Unite ciascuna espressione tedesca alla traduzione italiana corrispondente.

1. Das regt mich auf.
2. Das beruhigt mich.
3. Das ist mir egal.
4. Das macht mich rasend/verrückt.
5. Das macht mich krank.
6. Das haut mich um.

a. Mi rassicura.
b. Mi è indifferente.
c. Mi rende pazzo.
d. Mi innervosisce.
e. Mi butta giù.
f. Mi fa arrabbiare.

Bravi, avete appena concluso il capitolo 7! Contate le icone e riportate il risultato a pag. 128 per la valutazione finale.

Nominativo

Uso e declinazione del nominativo

È il caso del soggetto o dell'attributo del soggetto e risponde alla domanda **wer** (*chi?*) o **was** (*cosa?*). Attenzione: diversamente dal singolare, il plurale è lo stesso per tutti i generi; come in italiano, l'articolo indeterminativo **ein**, **eine**, **ein** non ha la forma plurale *(vedi tavole della declinazione a pagina 120)*. Inoltre, a differenza dell'aggettivo attributivo, l'aggettivo predicativo non si declina: **Das Buch ist <u>interessant</u>. / Die Bücher sind <u>interessant</u>.**

- **Wer** kommt aus Berlin? → **Der** neue Direktor/**die** neue Direktorin kommt aus Berlin.
- **Was** ist für die Kinder? → **Das** Buch ist für die Kinder.
- **Wer** sind diese Kinder? → Sie sind **die** Söhne/**die** Töchter von Sabine.

Sebbene la regola sul genere dei sostantivi sia piuttosto complessa e comporti numerose eccezioni, abbiamo elencato alcuni punti fondamentali che vi aiuteranno a classificare i sostantivi a seconda del loro genere (ricordate che tutti i sostantivi in tedesco si scrivono con l'iniziale maiuscola):

- Sono maschili: tutti gli esseri di sesso maschile a eccezione dei diminutivi **(der Mann)**, la maggior parte dei nomi indicanti i giorni, le stagioni e i punti cardinali **(der Morgen / der Juli / der Süden)**, la maggior parte dei nomi di pietre e minerali **(der Diamant)**, i nomi di automobili **(der Peugeot)**, la maggioranza dei sostantivi che derivano dalla radice del verbo **(der Schlaf)** e molti dei sostantivi terminanti in **-er**, **-ler**, **-ismus**, **-or**, **-ig** e **-ling (der Motor)**.

- Sono femminili: gli esseri di sesso femminile eccetto i diminutivi **(die Frau)**, la maggior parte dei nomi di alberi, fiori e frutti **(die Eiche / die Tulpe)**, i numeri **(die Vier)** e i nomi terminanti in **-ei**, **-in**, **-ion**, **-heit**, **-keit**, **-ung**, **-ur**, **-schaft (die Freiheit / die Freundschaft)**.

- Sono neutri: tutti gli esseri giovani **(das Kind)**, la maggior parte dei nomi di metalli **(das Silber)**, le lettere **(das A)**, i colori **(das Rot)**, le lingue **(das Spanisch)**, i verbi sostantivati **(das Essen)**, i nomi collettivi preceduti dal prefisso **Ge- (das Gebirge)**, i diminutivi terminanti in **-chen** e **-lein (das Fräulein)** e molti dei nomi terminanti in **-um**, **-ium** e **-ment (das Datum)**.

1 Aggiungete le desinenze corrette.

a. Dies...... klein...... Junge möchte dich etwas fragen.

b. Das ist ein...... schön...... Instrument.

c. Dies..... alt..... Dame ist 98 Jahre alt.

d. Weiß........ Schuhe passen besser zu deinem Kleid.

e. Dies........ jung........ Mann wartet schon seit einer Stunde.

NOMINATIVO

2 Individuate il nominativo e formulate la domanda corrispondente con *wer* o *was*.

Esempio: *Die Kinder sind angekommen.* → *die Kinder* → *Wer ist angekommen?*

a. Das Paket ist für Paul. → .... → ....

b. Paul sucht den Hausschlüssel. → .... → ....

c. Hier liegt der Ausweis. → .... → ....

d. Sie ist die neue Deutschlehrerin. → .... → ....

.... / ....

3 Indicate il genere dei sostantivi.

a. .... Mutter	i. .... Schmetterling
b. .... Freundin	j. .... Morgen
c. .... Leben	k. .... Baby
d. .... Zeitung	l. .... Birne
e. .... Gold	m. .... Zwanzig
f. .... Mittwoch	n. .... M
g. .... Gemüse	o. .... Arabisch
h. .... Rose	p. .... Grün

4 Indicate l'equivalente maschile o femminile.
Esempio: *der Mann* → *die Frau*

a. der Lehrer → ....   e. die Verkäuferin → ....

b. die Freundin → ....   f. die Ärztin → ....

c. der Junge → ....   g. der Bauer → ....

d. der Vater → ....   h. der Bruder → ....

NOMINATIVO

Plurale dei sostantivi

Anche in questo caso le eccezioni vi daranno del filo da torcere; in generale il plurale dei sostantivi si forma come segue:

- La maggior parte dei sostantivi maschili e neutri terminanti in **-er**, **-en**, **-el**, **-chen** e **-lein** restano invariati al plurale o aggiungono una dieresi sulle vocali **a**, **o**, **u**: **der Vater/die Väter**; **das Messer/die Messer**. Questa regola vale anche per i sostantivi femminili **die Mutter/die Mütter** e **die Tochter/die Töchter**.

- Molti sostantivi maschili e monosillabici femminili aggiungono una **-e**, talvolta una dieresi sulle vocali **a**, **o**, **u**: **der Monat/die Monate, die Bank/die Bänke**.

- Molti sostantivi neutri e alcuni sostantivi maschili aggiungono la desinenza **-er**, talvolta una dieresi sulle vocali **a**, **o**, **u**: **das Kind/die Kinder, der Wald/die Wälder**.

- Molti sostantivi femminili e alcuni sostantivi neutri aggiungo una **-n**: **die Tafel/die Tafeln**, **das Auge/die Augen**.

- I sostantivi femminili terminanti in **-in** aggiungono il suffisso **-nen**: **die Lehrerin/die Lehrerinnen**.

- I sostantivi femminili e neutri terminanti in **-nis** aggiungono il suffisso **-se**: **das Geheimnis/die Geheimnisse**.

- I nomi terminanti in **-a**, **-i**, **-o** e numerosi sostantivi stranieri aggiungono una **-s**: **das Auto/die Autos**.

Attenzione: alcuni sostantivi omonimi al singolare hanno forme diverse al plurale: **der Strauß/die Sträuße** *il mazzo* e **der Strauß/die Strauße** *lo struzzo*.

5 Indicate il plurale dei seguenti termini.

a. der Wagen

→ ....

b. die Blume

→ ....

c. die Sängerin

→ ....

d. das Foto

→ ....

e. der Stuhl

→ ....

f. der Vogel

→ ....

6 Indicate il singolare dei seguenti termini.

a. die Bücher → das ....

b. die Früchte → die ....

c. die Tische → der ....

d. die Götter → der ....

e. die Hefte → das ....

f. die Büros → das ....

NOMINATIVO

7 Unite ciascun sostantivo alla sua traduzione. Procedete per deduzione: un nome su due (talvolta entrambi) fa parte del vocabolario corrente.

1. die Bank/die Bänke
2. die Bank/die Banken

a. la banca
b. la panchina

3. der Mann/die Männer
4. der Mann/die Mannen

c. il vassallo
d. l'uomo

5. der Rat/die Räte
6. der Rat/die Ratschläge

e. il consigliere
f. il consiglio

7. der Stock/die Stockwerke
8. der Stock/die Stöcke

g. il bastone
h. il piano

I nomi composti

Rappresentano una delle particolarità della lingua tedesca. Generalmente sono molto lunghi. Alcuni, come accade con i numeri, possono contare fino a sessanta o più lettere. Il record è detenuto da un gioco di parole composto da ben 90 lettere! I nomi composti sono formati dall'unione di più **sostantivi** o dal **verbo+ sostantivo** o **aggettivo + sostantivo**. Il genere è definito dall'ultimo elemento detto "determinato": **der Grundschullehrer**, da **der Lehrer**.

8 Indicate l'ultimo termine (o determinato) e il suo genere.

a. Großonkel ➡ ....
b. Kindermädchen ➡ ....
c. Deutschübung ➡ ....
d. Abendessen ➡ ....
e. Musikinstrument ➡ ....
f. Blumenstrauß ➡ ....
g. Wochentag ➡ ....
h. Haupteingang ➡ ....

9 Formate delle parole composte con ciascuno dei seguenti elementi.

-schirm   -hose   -brand   -kreme   -tuch   -stich
-urlaub   -anzug   -nacht   -kleid   -meister   -sprossen

a. der Bade ....
b. der Bade ....
c. die Bade ....
d. das Bade ....
e. der Sommer ....
f. die Sommer ....
g. die Sommer .... (lentiggini)
h. das Sommer ....
i. der Sonnen .... (insolazione)
j. der Sonnen ....
k. die Sonnen ....
l. der Sonnen .... (scottatura)

NOMINATIVO

> **Vocabolario: la casa**
>
> **Das Haus** è *la casa/l'edificio*. Il tipo di abitazione è generalmente specificato dal numero di famiglie che vi abitano: **Einfamilienhaus** è *la casa* o *il villino unifamiliare*, **Doppelhaus**, *casa o villino bifamiliare*, mentre **Reihenhaus** sono *le villette a schiera*.

10 Sottolineate il determinato e unite ciascun nome alla sua traduzione. Attenti alle parole non composte.

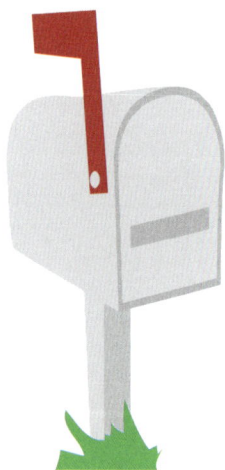

1. die Eingangstür
2. die Küche
3. das Schlafzimmer
4. das Badezimmer
5. das Wohnzimmer
6. das Esszimmer
7. der Briefkasten
8. das Kinderzimmer

a. la camera dei ragazzi
b. il bagno
c. il salotto
d. la porta di ingresso
e. la sala da pranzo
f. la camera da letto
g. la buca delle lettere
h. la cucina

11 Formate delle parole composte con ciascuno dei determinati elencati e datene la traduzione italiana. Attenzione ai termini che non sono composti.

-bett   -maschine   -regal   -schrank   -tisch

a. der Ess ....
b. der Schreib ....
c. das Kinder ....
d. der Kleider ....
e. der Stuhl ....
f. die Couch ....

g. der Sessel ....
h. die Spül ....
i. die Wasch ....
j. der Kühl ....
k. das Bett ....
l. das Bücher ....

NOMINATIVO

12 Inserite le lettere mancanti.

a. Jemand hat an die Tür **ge _ l _ _ ft**. *Qualcuno ha bussato alla porta.*
b. Jemand hat an die Tür **gek_ _ ng _ lt**. *Qualcuno ha suonato alla porta.*
c. Kannst du bitte die Tür **a _ f _ ac _ _ n**? *Per favore puoi aprire la porta?*
d. Komm bitte **h _ _ e _ n**! *Prego, entra!*
e. Nimm bitte **P _ _ _ z**! *Prego, accomodati!*
f. Darf ich dir etwas zum Trinken **a _ b _ _ t _ n**? *Posso offrirti qualcosa da bere?*
g. Danke für deinen **_ es _ _ h**. *Grazie della visita.*

DRING!
DRING!

13 Nella tabella si nascondono le traduzioni delle seguenti parole.

vasca da bagno   **lavandino**
specchio   *doccia*
toilette
(2 parole, una del linguaggio parlato)

W	N	M	K	O	U	J	I	S
A	S	K	M	C	A	V	K	P
S	X	L	L	T	S	X	O	I
C	T	O	I	L	E	T	T	E
H	C	R	K	L	H	W	N	G
B	A	D	E	W	A	N	N	E
E	Z	U	D	F	E	E	B	L
C	L	S	S	X	C	X	A	P
K	L	C	A	F	K	D	A	M
E	H	H	Y	O	E	F	E	J
N	N	E	I	U	N	O	D	B
R	D	V	P	G	R	U	C	V

14 Trovate la traduzione delle seguenti parole nella serie di lettere in basso.

numero civico
chiavi di casa
numero telefonico
indirizzo (2 sinonimi)
codice postale
custode

HAUSNUMMERPOST
LEITZAHLHAUSMEIS
TERADRESSETELEF
ONNUMMERHAUSSCH
LÜSSELANSCHRIFT

Bravi, avete appena concluso il capitolo 8! Contate le icone e riportate il risultato a pagina 128 per la valutazione finale.

9 Accusativo

Uso e declinazione dell'accusativo

L'accusativo risponde alla domanda **wen** (*chi?*) o **was** (*che cosa/cosa?*) e si utilizza:

- per introdurre un complemento oggetto, come **jemanden/etwas sehen** (*vedere qualcuno/qualcosa*).

Soltanto i sostantivi maschili modificano la desinenza all'accusativo; i sostantivi femminili e neutri hanno le stesse desinenze che al nominativo.

– **Wen** hast du gesehen?
→ Ich habe **den** Sohn/**die** Tochter von Paul gesehen.

– **Was** hast du gesehen?
→ Ich habe **einen** französischen Film/**ein** schönes Theaterstück gesehen.

Attenzione: in tedesco alcuni verbi sono seguiti dal complemento oggetto, mentre i loro omonimi italiani reggono il complemento di termine o di specificazione: **jemanden fragen** *chiedere a qualcuno*, **jemanden/etwas brauchen** *avere bisogno di qualcuno/qualcosa*. Notate inoltre le costruzioni con doppio accusativo: **jemanden etwas kosten** *costare qualcosa a qualcuno* e **jemanden etwas lehren** *insegnare qualcosa a qualcuno*: **Ich habe sie gefragt.** *Le ho chiesto.* / **Es kostet sie eine Million.** *Le costa un milione.*

- Dopo alcune preposizioni: **durch** (*attraverso*); **für** (*per*); **gegen** (*contro*); **ohne** (*senza*); **um** (*intorno*): **Wir fahren ohne dich**.

Notate le forme contratte con l'articolo determinativo **das**: **durch das → durchs; für das → fürs; um das → ums.**

- Dopo i complementi di tempo costruiti con **letzt-** (*ultimo*), **dies-** (*questo*), **nächst-** (*prossimo*), articolo + **ganz-** (*tutto/intero*): **Wir waren letzten Dienstag/den ganzen Tag bei ihm.**

- Dopo l'espressione **es gibt** (*c'è/ci sono*): **Wo gibt es hier einen Supermarkt?**

1 Sostituite l'articolo determinativo con l'aggettivo dimostrativo *dies-*.

a. den jungen Schauspieler → ....

b. das neue Theaterstück → ....

c. die russische Tänzerin → ....

d. die französischen Filme → ....

ACCUSATIVO

2 Completate le frasi con i seguenti gruppi nominali. Se necessario, modificate le desinenze.

a. Kannst du bitte ………………………… beim Bäcker kaufen?

b. Viele Lehrer sind gegen ………………………… .

c. Heute haben wir ………………………… geschrieben.

d. Geh nicht ins Kino! Das ist ………………………… .

e. Es gibt ………………………… im Zentrum.

f. Hier kommt ………………………… mit deinem Päckchen.

die neue Schulreform
der Briefträger
ein kleiner Test
ein kleines Hotel
frische Brötchen
kein schöner Film

3 Complete le frasi con il pronome personale corretto. Esempio: <u>Das Buch</u> ist gut. Kauf <u>es</u>.

a. Hier sind <u>die Papiere</u>. Bitte, nimm ………………………… !

b. Hast du <u>den Wagen</u> zur Reparatur gebracht? – Ja, ich habe ………………………… gestern gebracht.

c. Habt <u>ihr</u> morgen Zeit? Wir möchten ………………………… zum Essen einladen.

d. <u>Du</u> sprichst zu schnell. Ich verstehe ………………………… nicht.

I pronomi indefiniti

I pronomi indefiniti **einer, eine, ein(e)s** (*un/una/un'*) e **keiner, keine, kein(e)s, keine** (*alcuno/a, nessuno/a* o *non*) si declinano come gli articoli **der, die, das** e non si usano quasi più al genitivo. Il pronome indefinito **einer…** non ha la forma plurale (*vedi tabella a pagina 121*).

Haben Sie <u>Kinder</u>? – Ja, ich habe <u>ein(e)s</u> (= ein Kind). / Nein, ich habe <u>keine</u> (= keine Kinder).

Ich möchte <u>einen</u> Apfel. – Ich möchte auch <u>einen</u> (= einen Apfel). / Ich möchte <u>keinen</u> (= keinen Apfel).

4 Completate le frasi inserendo il pronome indefinito adeguato al nominativo o all'accusativo.

a. Hast du eine Idee? – Nein, ich habe ………………………… .

b. Er hat ein Auto. – Ich habe auch ………………………… .

c. Ist das ein Porsche! – Nein, das ist ………………………… .

d. Gibt es im Hotel ein Schwimmbad? – Ja, es gibt ………………………… .

ACCUSATIVO

5 Aggiungete le desinenze mancanti. Per alcuni termini, il genere è indicato tra parentesi.

a. Meine Schwester heiratet dies............. Samstag.

b. Er war d............. ganz............. Woche **(F)** verreist.

c. Nächst............. Monat **(M)** wird es besser.

d. Er war ein............. ganz............. Jahr **(N)** weg.

e. Letzt............. Mal **(N)** konnte ich nicht kommen.

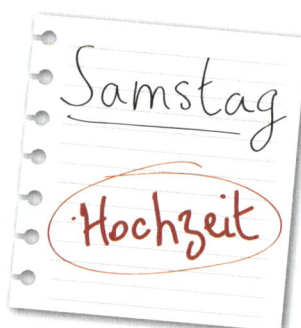

Tradurre *molto, tanto*

La traduzione dell'avverbio *molto* può creare un po' di confusione in quanto in alcuni casi si ricorre a **viel**, in altri casi a **sehr**:

- **viel(-)** si usa unito al sostantivo. Al singolare resta invariato, mentre al plurale si declina come un aggettivo attributivo: **Er hat viel Arbeit.** *Ha molto/tanto lavoro.* / **Er hat viele Freunde.** *Ha molti/tanti amici.*

- **viel** unito al verbo esprime l'idea di quantità: **Er isst viel**. *Mangia molto/tanto/assai.*

In entrambi i casi **viel** può essere rafforzato da **sehr** ed essere tradotto con l'avverbio al grado assoluto *moltissimo*: **Er hat sehr viel Arbeit./ Er isst sehr viel.**

- Anche **sehr** unito al verbo traduce *molto/tanto/assai*, tuttavia esprime l'idea di intensità: **Es ärgert mich sehr, dass er nicht kommen kann**. *Mi fa molta rabbia che lui non possa venire.*

- **sehr** può essere unito a un aggettivo o a un avverbio: **Es ist sehr warm.** *Fa molto caldo.*

6 Completate le frasi con *viel(-)* o *sehr*.

a. Ich habe nicht .... Zeit.

b. Ich freue mich ...., dass du kommst.

c. .... Leute sind gekommen.

d. Er schläft ....

e. Er arbeitet mit .... Ausländern zusammen.

f. Er ist .... traurig.

g. Er schläft .... lange.

ACCUSATIVO

7 Traducete queste frasi in tedesco.

a. Bevi tanto. → ....

b. (Lui) Beve molta acqua. → ....

c. Ci sono molte persone. → ....

d. (Lui) Ti ama molto. → ....

e. È molto bello. → ....

f. (Lei) Ha moltissimi soldi. → ....

8 Traducete le seguenti espressioni idiomatiche.

a. Viel Spaß! → ....

b. Viel Erfolg! → ....

c. Viel Glück! → ....

d. Viel Vergnügen! → ....

e. Vielen Dank! → ....

f. Sehr gern! → ....

g. Sehr geehrter Herr… → ....

9 Unite ciascuna frase tedesca alla traduzione italiana corrispondente.

1. Es ärgert mich sehr. •   • a. Mi fa molto male.
2. Es wundert mich sehr. •   • b. Mi pesa molto. *(moralmente)*
3. Es freut mich sehr. •   • c. Mi irrita molto.
4. Es tut mir sehr weh. •   • d. Mi aiuta molto.
5. Es belastet mich sehr. •   • e. Mi sorprende molto.
6. Es hilft mir sehr. •   • f. Mi fa molto piacere.

ACCUSATIVO

I termini di misura

der (Kilo)Meter	(K)m
das (Kilo)Gramm (n)	(K)g
das Pfund	500 Gr.
Stundenkilometer	Km/h

alt	vecchio (di età)
groß	grande
weit	lontano
tief	profondo
breit	largo

wert	di valore
hoch	alto
schnell	veloce
schwer	pesante
lang	lungo

L'età, l'altezza, la profondità... sono generalmente indicati dall'aggettivo predicativo preceduto da **sein + l'unità di misura** e implicano l'uso dell'accusativo: **Das Becken ist einen Meter tief.** *La vasca è profonda un metro.* La domanda corrispondente si costruisce con **wie + aggettivo + sein: Wie tief ist das Becken?** *Quanto è profonda la vasca?* In certi casi, quando il complemento è sottointeso, è sufficiente indicare il numero: **Wie groß bist du? – Ich bin eins siebzig Jahre alt / Wie alt bist du? – Ich bin zwanzig.** Nella maggior parte dei casi per esprimere il peso di qcn. o qcs. si utilizza il verbo **wiegen** *pesare*: **Wie viel wiegst du?**

10 Completate le frasi con l'aggettivo corrispondente.

a. Das Baby ist erst einen Monat ....

b. Der Tisch ist einen Meter achtzig .... und achtzig cm ....

c. Es ist ein Kilo ....

d. Der Eiffelturm ist dreihundertvierundzwanzig Meter ....

e. Das Dorf ist nur einen Kilometer .... von hier.

11 Completate le domande con l'aggettivo corretto.

a. Quanto è largo… ? → Wie .... ?

b. Quanto è lungo… ? → Wie .... ?

c. Quanti anni… ? → Wie .... ?

d. A quale velocità… ? → Wie .... ?

e. Quanto pesa… ? → Wie .... ?

f. Quanto è alto… ? → Wie .... ?

ACCUSATIVO

12 Riordinando le lettere otterrete la traduzione delle parole elencate a sinistra.

a. il peso → E/W/H/T/I/G/C → das ....

b. l'età → R/L/T/E/A → das ....

c. la velocità → K/T/I/E/E/G/G/I/D/H/C/S/N/I/W → die ....

d. l'altezza → Ö/H/H/E → die ....

e. la lunghezza → Ä/N/G/L/E → die ....

13 Parole crociate: trovate la traduzione dei pronomi interrogativi. Per quelli composti da due termini, lasciate una casella vuota.

↓ **Verticale**
3K *quanto* (2 parole)
4G *chi* al nominativo
5C pronome interrogativo quasi sinonimo di **warum**
6I *chi* all'accusativo
8E pronome interrogativo quasi sinonimo di **wieso**
10C *che* o (*che*) *cosa*
13A *dove* (con movimento)

→ **Orizzontale**
4D *come*
8E *di chi*
4G *da dove*
6I *a chi*
3K *quando*
1M *quanto tempo* (2 parole)
2P *ogni quanto* (2 parole)

	1	2	3	4	5	6	7	8	9	10	11	12	13
A													
B													
C													
D													
E													
F													
G													
H													
I													
J													
K													
L													
M													
N													
O													
P													
Q													
R													

Bravi, avete appena concluso il capitolo 9! Contate le icone e riportate il risultato a pagina 128 per la valutazione finale.

Dativo

Uso e declinazione del dativo

Il dativo risponde alla domanda introdotta da **wem** (*a chi/cosa*) e si usa:

- per introdurre un complemento di termine: **jemandem schreiben** (*scrivere a qualcuno*): **Wem** hast du geschrieben? → **Dem** Sohn von Paul und **der** Tochter von Peter.

Attenzione: alcune forme verbali tedesche si costruiscono con il dativo, mentre i loro equivalenti italiani ricorrono all'accusativo: **jemandem danken** (*ringraziare qualcuno*), **jemandem folgen** (*seguire qualcuno*), **jemandem helfen** (*aiutare qualcuno*), **jemandem widersprechen** (*contraddire qualcuno*), **jemandem zuhören** (*ascoltare qualcuno*) o **jemandem zuschauen** (*guardare qualcuno*).

- dopo le preposizioni: **aus** (*da, di*) **bei** (*da/a casa di/presso*), **mit** (*con*), **nach** (*dopo*), **seit** (*da*), **von** (*da, da parte di*), **zu** (*a, in* - direzionale, *in occasione di*): **Ich gehe zum Arzt. / Ich bin beim Arzt./ Alles Gute zum Geburtstag.**

Notate le forme contratte con gli articoli determinativi al dativo **dem** e **der**: **bei dem → beim, in dem → im, von dem → vom, zu dem → zum** e **zu der → zur**.

Ricordate che al dativo plurale i sostantivi aggiungono una **n** finale (eccetto quelli la cui desinenza al plurale termina già per **n**).

Aggiungete le desinenze corrispondenti (per alcuni sostantivi, il genere è stato indicato tra parentesi).

a. Sie kommt aus ein............. klein............. Stadt **(F)**.

b. Hast du d............. Kinder............. **(Pl.)** die neue Kamera gezeigt?

c. Hast du d............. Bruder von Sabine geschrieben?

d. Die Tasche gehört dies............. Dame da.

e. Ich habe ein............. alt............. Mann geholfen, den Koffer zu tragen.

f. Hör dies............. Mann zu.

g. Er ist seit ein............. Monat **(M)** krank.

DATIVO

2 Mettete al dativo il pronome personale tra parentesi.

a. Sag .... (**ich**) bitte, wann du kommst.

b. Gib .... (**sie**, *femminile singolare*) alles.

c. Ich schicke .... (**Sie**) alles per Mail.

d. Ich gratuliere .... (**du**) zum Geburtstag.

e. Kannst du .... (**wir**) bitte helfen?

3 Sostituite l'articolo determinativo con l'articolo indeterminativo *ein*.

a. der einzigen Schülerin ➜ ....

b. den kleinen Kindern ➜ ....

c. dem armen Mann ➜ ....

d. der alten Dame ➜ ....

4 Abbinate ciascuna frase in tedesco alla traduzione italiana corrispondente.

1. Ich befehle es dir.
2. Ich biete es dir an.
3. Ich empfehle es dir.
4. Ich leihe es dir.
5. Ich verbiete es dir.
6. Ich schwöre es dir.

a. Te lo proibisco.
b. Te lo presto.
c. Te lo ordino.
d. Te lo giuro.
e. Te lo offro.
f. Te lo consiglio.

Sintassi

L'ordine dei complementi accusativo e dativo all'interno della frase varia a seconda che il complemento sia un pronome personale o un sostantivo:

- il sostantivo al dativo precede il sostantivo all'accusativo:
  Ich diktiere der Sekretärin den Brief.

- il pronome personale all'accusativo precede il pronome personale al dativo:
  Ich diktiere ihn ihr.

- il pronome personale al dativo o all'accusativo precede il sostantivo:
  Ich diktiere ihr den Brief. / Ich diktiere ihn der Sekretärin.

DATIVO

5 Completate le frasi inserendo il complemento appropriato.

a. Ich habe .... geschickt. **(euch/ein Päckchen)**

b. Ich schenke .... **(dir/die Uhr)**

c. Ich habe .... gesagt. **(es/ihr)**

d. Ich habe .... gegeben. **(das Geld/deinem Bruder)**

6 Sostituite il complemento sottolineato con un pronome personale.

a. Ich habe <u>Ana</u> eine Mail geschrieben. → ....

b. Ich habe Paul <u>die Mail</u> geschrieben. → ....

c. Wir schenken <u>meinen Eltern</u> <u>das Buch</u>. → ....

Tradurre *poco, troppo* e *troppo poco*

- **wenig(-)** usato come aggettivo prima di un sostantivo traduce *poco/a, pochi/e, un po' di*. Al singolare resta generalmente invariato; al plurale può o meno essere declinato: **Er hat wenig Zeit.** *Ha poco tempo.* / **Er hat wenig(wenige) Freunde.** *Ha pochi amici.* (Per la declinazione dei sostantivi forti vi rimandiamo a pagina 120).

- **wenig** usato come avverbio insieme al verbo traduce *poco*: **Er isst wenig.** *Mangia poco.*

In entrambi i casi **wenig** può essere costruito con **zu** e tradurre *troppo poco*: **Er hat zu wenig Zeit. / Er isst zu wenig.**

Troppo si traduce invece:

- **zu viel(-)** + sostantivo (per la declinazione di *viel* vi rimandiamo al capitolo 9): **Es gibt zu viele Leute.** *C'è troppa gente.*

- **zu viel** + verbo (se si vuole esprimere l'idea di quantità): **Sie hat zu viel gegessen.** *Ha mangiato troppo.*

- **zu sehr** + verbo (se si vuole esprimere l'idea d'intensità): **Es belastet mich zu sehr.** *Mi pesa troppo.*

- **zu** riferito ad aggettivo o avverbio: **Es ist zu warm.** *Fa troppo caldo.*

DATIVO

7 Traducete le frasi qui sotto.

a. (Egli) Ha troppo lavoro. → ....

b. È troppo lontano. → ....

c. La vedo poco. → ....

d. Dorme troppo poco. → ....

e. Mi innervosisce troppo. **(ärgen)** → ....

f. Fa troppo poco sport. → ....

Frasi impersonali con il dativo

Sono numerose e non sempre facili da gestire. Tuttavia vi capiterà di incontrarle spesso, in quanto la maggior parte di esse fa parte del linguaggio corrente. La più comune è certamente l'espressione „Wie geht es dir?" – „Mir geht es gut, danke. Und dir?". Notate che, in alcuni casi, lo stesso verbo può reggere la costruzione con l'accusativo: **Es ekelt mich davor.** o **Es ekelt mir davor.** *Mi disgusta.*

8 Abbinate ciascuna frase in tedesco alla traduzione corrispondente.

1. Es schmeckt mir.   a. Mi sembra strano.
2. Es gefällt mir.   b. Preferisco così.
3. Mir ist es lieber so.   c. Mi sento male.
4. Es fällt mir schwer.   d. È buono. *(di cibo…)*
5. Mir ist schlecht.   e. Mi piace.
6. Es passt mir nicht.   f. Mi pesa.
7. Es kommt mir komisch vor. g. Non mi sta.

DATIVO

Il corpo umano

L'espressione tedesca **Es hat weder Hand noch Fuß** si traduce in italiano con *Non ha né capo né coda*. Le due lingue fanno entrambe riferimento a parti del corpo, tuttavia non alle stesse. Vi ricordate cosa significano **Hand** e **Fuß** o come si traduce *testa* in tedesco? L'esercizio che vi proponiamo qui sotto vi servirà da ripasso.

9 Inserite nel riquadro il numero corrispondente alla parte del corpo indicata dalla freccia.

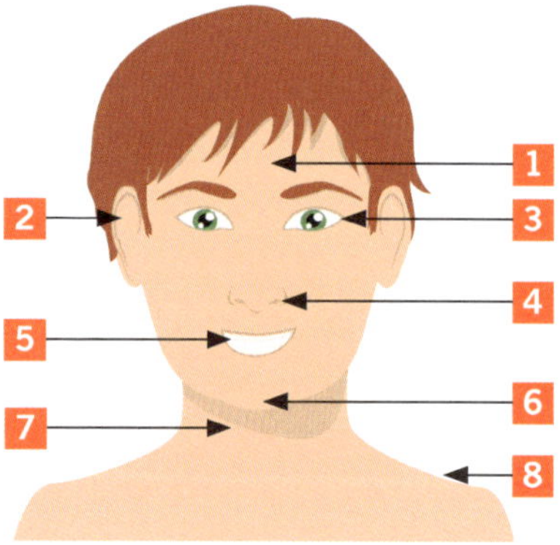

[....] das Ohr(en)

[....] das Auge(n)

[....] das Kinn

[....] der Mund

[....] die Stirn

[....] die Nase

[....] die Schulter(n)

[....] der Hals

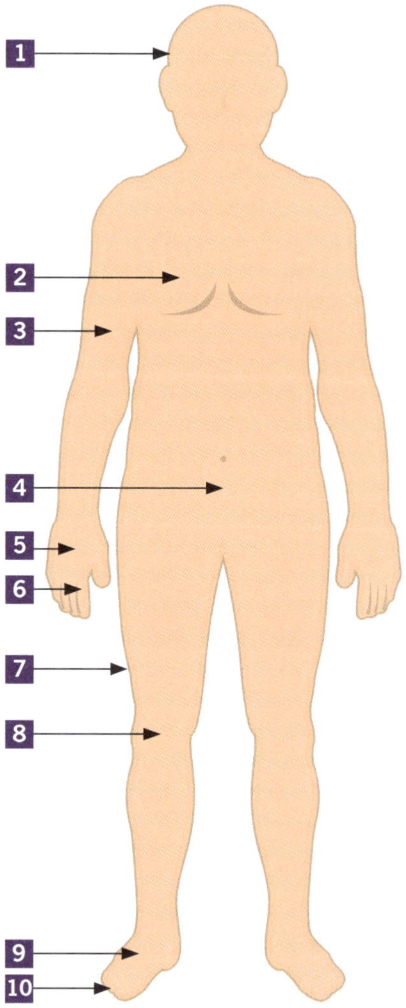

[....] der Kopf

[....] der Arm(e)

[....] die Hand(¨e)

[....] das Bein(e)

[....] der Finger(-)

[....] das Knie(-)

[....] der Bauch

[....] der Fuß(¨e)

[....] die Brust

[....] der Zeh(en)

10 Parole crociate.

↓ **Verticale**

2C dolore
4C raffreddore
6E farmacia
8A medicina
10D salute
13H malato

→ **Orizzontale**

4E malattia
1H medico
9K in buona salute/sano

	1	2	3	4	5	6	7	8	9	10	11	12	13	14
A														
B														
C		S												
D										G				
E				K		A		K						
F														
G														
H		R												
I						U								
J														
K												E		
L														
M														

11 Ecco alcune espressioni che fanno riferimento alle parti del corpo. Trovate il loro equivalente italiano o spiegatene il significato. La traduzione letterale tra parentesi vi sarà d'aiuto.

a. Halt den Mund. *(Tieni la bocca.)*
   → ....

b. Ich habe die Nase voll. *(Ho il naso pieno.)*
   → ....

c. Er lebt auf großem Fuß. *(Vive sul grosso piede.)*
   → ....

d. Lügen haben kurze Beine. *(Le bugie hanno le gambe corte.)*
   → ....

e. Mach dir keinen Kopf. *(Non farti la testa.)*
   → ....

Bravi, avete appena concluso il capitolo 10! Contate le icone e riportate il risultato a pagina 128 per la valutazione finale.

11
Genitivo

Uso e coniugazione del genitivo

Il genitivo risponde alla domanda **wessen** (*di chi?, di che cosa?*) e si usa:

- per esprimere la proprietà di qcn. o qcs. Una delle caratteristiche del genitivo è la **-s finale** aggiunta ai sostantivi **maschili** (a eccezione dei sostantivi deboli) e **neutri singolari**: **der Lehrer → das Buch des Lehrers**. La maggior parte dei sostantivi monosillabici o i nomi che terminano già per **s** aggiungono una **e** intercalare: **der Mann → das Buch des Mannes**; **das Haus → die Fläche des Hauses**.

Nel linguaggio parlato, però, il genitivo tende a essere sempre più spesso sostituito dal dativo preceduto dalla preposizione **von**: **das Buch von dem Lehrer** (da cui il titolo di un popolare e divertente libro sull'evoluzione della lingua tedesca: ***Der Dativ ist dem Genitiv sein Tod*** – *Il dativo è la morte del genitivo*).

- dopo le preposizioni **trotz** (*malgrado*), **während** (*mentre*) e **wegen/aufgrund** (*a causa di*). Ma anche in questo caso, nel parlato il dativo sostituisce il genitivo: **wegen des Verkehrs → wegen dem Verkehr**.

- Esiste un'altra forma di genitivo, detta **genitivo sassone**. Originariamente era usata con tutti i sostantivi, ma oggi la si utilizza perlopiù con i nomi propri. Questa forma si costruisce con il complemento al genitivo posto davanti al sostantivo e all'aggettivo a cui si riferisce. L'articolo determinativo è omesso e il gruppo nominale aggiunge le desinenze del tipo II (vedi tavola della declinazione a pagina 120): **Der ältere Bruder von Gisela studiert in Amerika. → Giselas älterer Bruder studiert in Amerika.**

1 Volgete le frasi al genitivo.

a. die Tasche von dem kleinen Mädchen

→ ....

b. das Auto von einem reichen Mann

→ ....

c. die Schulbücher von den neuen Schülern

→ ....

d. der Stock von einer alten Frau

→ ....

2 Esprimete il possesso con *von*.

a. die Koffer der deutschen Touristen

→ ....

b. das Fahrrad des kleinen Mädchens

→ ....

c. die Sporthalle der neuen Schule

→ ....

d. der Plan eines alten Flughafens

→ ....

GENITIVO

3 Trasformate al genitivo sassone le frasi con *von* e viceversa.

a. Das Buch von Peter liegt auf dem Tisch.
→ ....

b. Kennst du den neuen Freund von Sabine?
→ ....

c. Pauls kleiner Bruder ist in meiner Klasse.
→ ....

d. Ich habe Richards Frau eine Mail geschrieben.
→ ....

4 Completate le frasi con *trotz, während* o *wegen*.

a. .... schlechten Wetters haben wir gebadet.

b. .... des Streiks konnten wir nicht zurückfliegen.

c. Er hat .... des ganzen Konzerts geschlafen.

d. .... eines Unfalls wurde die Autobahn gesperrt.

Sostantivi maschili deboli e misti

- Salvo eccezioni, tutti i sostantivi maschili deboli indicano un essere animato di sesso maschile. Essi aggiungono la desinenza **-(e)n** in tutti i casi tranne al nominativo singolare (la **e** intercalare si aggiunge ai sostantivi terminanti per consonante*):
  - singolare: **der Russe, den Russen, dem Russen, des Russen** / plurale: **die Russen, die Russen, den Russen, der Russen**
  - singolare: **der Pilot, den Piloten, dem Piloten, des Piloten** / plurale: **die Piloten, die Piloten, den Piloten, der Piloten**.

  Ricordatevi che molti sostantivi deboli terminano in **-ist/-ent/-ant**, vocale + **t/-aph/-oph/-ekt/-urg/-sch** oppure in **-e**.

  *Eccezione: al singolare **der Herr** non aggiunge la **e** intercalare:
  - singolare: **der Herr, den Herrn, dem Herrn, des Herrn** / plurale: **die Herren, die Herren, den Herren, der Herren**.

- I sostantivi maschili misti, tra cui **der Buchstabe** (*la lettera* – dell'alfabeto), **der Friede** (*la pace*) e **der Name** (*il nome*), seguono la declinazione sia dei sostantivi maschili deboli (aggiungono una **-n**) che dei sostantivi maschili forti (**-s** al genitivo singolare): **der Name, den Namen, dem Namen, des Namens** / **die Namen, die Namen, den Namen, der Namen**.

5 Completate la tabella.

Singolare	Nominativo	der Student	....
	Accusativo	....	den Löwen
	Dativo	....	....
	Genitivo	....	....

GENITIVO

6 Completate la tabella.

Plurale	Nominativo	die Studenten	 ....
	Accusativo	....	die Löwen
	Dativo	....	....
	Genitivo	....	....

7 Traducete i sostantivi maschili deboli.

a. der Prinz → .... f. der Affe → ....

b. der Mensch → .... g. der Komponist → ....

c. der Bär → .... h. der Rabe → ....

d. der Polizist → .... i. der Held → ....

e. der Junge → ....

Nomi di paesi

- In genere i nomi di paesi non sono preceduti dall'articolo determinativo, salvo alcune eccezioni: **die Türkei**, **die Schweiz**, **die Vereinigten Staaten/USA** (plurale), **die Niederlande** (plurale). Altri nomi possono essere utilizzati con o senza articolo: **Iran / der Iran**. Si tratta di un'evoluzione della lingua da attribuire in parte ai media. A seconda che indichino la posizione, l'origine o la destinanzione di qcn. o qcs., i nomi di paesi si costruiscono con preposizioni diverse:

    – **Wo wohnt ihr?** → Paul wohnt in Deutschland und ich wohne in der Schweiz.
    – **Woher kommt ihr?** → Paul kommt aus Deutschland und ich komme aus der Schweiz.
    – **Wohin fahrt ihr?** → Paul fährt nach Deutschland und ich fahre in die Schweiz.

In quest'ultimo caso la preposizione che precede i nomi di paesi senza articolo è diversa da quella che precede i nomi di paese con articolo. I nomi di città (sempre senza articolo) e i nomi di regioni (alcuni con, altri senza articolo) seguono le stesse regole.

8 Inserite la preposizione corretta.

a. Er fliegt .... USA. **(in die / nach / nach den)**

b. Er war .... Spanien. **(in / nach / aus)**

c. Er fährt .... Italien. **(zu / nach / in das)**

d. Warst du schon einmal .... Rom? **(in / in der / nach)**

GENITIVO

Nomi di abitanti e le loro lingue

- I nomi di abitanti si classificano in due categorie principali:

   – sostantivi maschili forti: si costruiscono aggiungendo il suffisso **-er** al nome del Paese corrispondente ed eventualmente una dieresi sulle vocali **a**, **o** e **u**; il corrispettivo femminile si forma aggiungendo la desinenza **-erin** al sostantivo stesso: **Holland → der Holländer(-)/die Holländerin(nen)**. In qualche caso, il nome di Paese è leggermente modificato. **Amerika → der Amerikaner(-)/die Amerikanerin; Spanien → der Spanier(-)/die Spanierin(nen)**.

   – sostantivi maschili deboli: terminano in **-e**, mentre il loro corrispondente femminile in **-in**. Sono frequenti i mutamenti della radice, che vanno imparati a memoria: **China → der Chinese(n)/die Chinesin(nen)**.

   Vi è tuttavia un'importante eccezione: **Deutschland → der Deutsche(n)/die Deutsche(n)** e **ein Deutscher/eine Deutsche/Deutsche** (plurale). Diversamente dagli altri nomi di abitanti, si tratta di un aggettivo sostantivato e pertanto va declinato *(vedi tabella a pag. 120)*.

- I nomi di lingua derivano dagli aggettivi cui è aggiunto il suffisso **-isch** e si scrivono con l'iniziale maiuscola: **die französische Sprache → Französisch**. Notate tuttavia: **die deutsche Sprache → Deutsch**.

9 Ricavate i nomi di abitanti (maschili) dal Paese/continente corrispondente e viceversa.

a. England → .... e. Europa → ....

b. der Afrikaner → .... f. der Ire → ....

b. Frankreich → .... g. Italien → ....

d. der Asiat → .... h. der Grieche → ....

10 Indicate la lingua corrispondente a ciascun Paese.

a. Spanien → .... d. Japan → ....

b. China → .... e. Italien → ....

c. England → .... f. Russland → ....

Bravi, avete appena concluso il capitolo 11! Contate le icone e riportate il risultato a pagina 128 per la valutazione finale.

Accusativo – Dativo

Uso delle preposizioni miste

• Unite al complemento di luogo, le preposizioni nella tabella seguente reggono talvolta l'accusativo, talvolta il dativo.

an	auf	hinter	in	neben	über	unter	vor	zwischen
a/su con contatto	*su*	*dietro*	*in/a*	*accanto*	*sopra/su*	*sotto*	*davanti*	*tra/fra*

Reggono l'accusativo quando indicano uno spostamento, un cambio di luogo; il dativo quando indicano la posizione occupata da qcn. o qcs.: **Ich gehe an die Tafel.** *Vado a tavola.* ≠ **Ich bin an der Tafel.** *Sono a tavola.*

Attenzione però: se il movimento avviene all'interno dello stesso luogo si usa il dativo: **Er geht in dem Raum hin und her.** *Va su e giù per la stanza.* ≠ **Er geht in den Raum.** *Entra nella stanza.*

Notate le forme contratte di preposizioni e articoli **das** e **dem**: **an + das** → **ans**, **an + dem** → **am**, **auf + das** → **aufs**, **in + das** → **ins**, **in + dem** → **im**. Esistono altre forme contratte, tuttavia più rare, tra cui **hinter + dem** → **hinterm**…

Nota: in generale le preposizioni in tedesco corrispondono alle stesse in italiano: **an die/an der Tafel** (*a tavola*), sebbene esistano numerosi casi in cui il complemento tedesco si costruisce con una preposizione diversa: **Die Kinder spielen auf dem Pausenhof**, letteralmente: *I bambini giocano sul cortile*, e non *in cortile*.

• Tra le preposizioni di luogo, **in** è certamente quella con più traduzioni in italiano. Essa si utilizza con i termini indicanti un luogo o spazio (scuola, piscina, cinema, teatro, letto…), un mezzo di trasporto (automobile, autobus…), un supporto scritto e audiovisivo (libro, giornale, televisione, radio, Internet…) e corrisponde alle preposizioni italiane: *in*, *a*, *su*.

1 Cerchiate la risposta corretta.

a. Wir gehen **in die/in der** Stadt.

b. Wir wohnen **in die/in der** Stadt.

c. Ich bin **ans/am** Telefon.

d. Jeden Sommer fahren wir **ans/am** Meer.

e. Die Kinder spielen **in den/im** Garten.

f. Er hat **auf die/auf der** Couch geschlafen.

ACCUSATIVO – DATIVO

2 Inserite la preposizione mista corretta.

a. Setzen Sie sich bitte .... den Tisch.

b. Er ist .... den Kopf gefallen.

c. Gehst du gern .... s Theater? *(s = contrazione dell'articolo)*

d. Kann ich mich .... dich setzen?

e. Lyon liegt .... Paris und Marseille.

f. Wir fliegen .... den Wolken.

3 Completate le frasi inserendo i seguenti gruppi nominali preceduti dalla preposizione *in* e opportunamente declinati.

das Kino · *die Schule* · *die Zeitung* · *das Schwimmbad* · *der falsche Bus* · *das Bett* · *das Internet*

a. Gestern haben wir einen schönen Film .... gesehen.

b. Ich bin müde. Ich gehe ....

c. Er ist sehr sportlich. Jeden Morgen um 7 Uhr geht er ....

d. Morgen wird's schön. Ich habe es .... gelesen.

e. Ich bin .... eingestiegen. Ich sollte die Linie 5 und nicht 6 nehmen.

f. Schau mal .... Da findest du bestimmt einen Billigflug.

g. Die Kinder sind ....

Verbi di posizione

Si distinguono quattro tipi di posizione: *verticale*, *orizzontale*, *sospesa/appesa* e *seduta*. A ciascuna corrispondono due verbi, uno debole che regge l'accusativo (con movimento), l'altro debole che regge il dativo (senza movimento).

Accusativo	Dativo
stellen/stellte/gestellt *posare/mettere (in piedi)*	**stehen/stand/gestanden** *essere/trovarsi in piedi*
legen/legte/gelegt *posare (disteso)/stendere*	**liegen/lag/gelegen** *essere steso/sdraiato*
hängen/hängte/gehängt *appendere*	**hängen/hing/gehangen** *essere appeso/sospeso*
(sich) setzen/setzte/gesetzt *mettere in posizione seduta*	**sitzen/saß/gesessen** *essere seduto*

ACCUSATIVO – DATIVO

4 Completate le frasi con un verbo di posizione.

a. Ich habe alle Papiere auf deinen Schreibtisch ....

b. Willst du dich nicht lieber auf diesen Stuhl ....?

c. Die Blumen .... auf dem Tisch.

d. Deine Jacke .... in meinem Schrank?

e. Er .... im Bett.

5 Cerchiate la risposta corretta.

a. **Häng / stell / hing** bitte den Mantel an den Haken!

b. Ich habe den ganzen Tag **gesitzt / gesessen / gesetzt**.

c. Ich **liege / stelle / stehe** schon seit 40 Minuten an der Bushaltestelle und es kommt kein Bus.

d. Hat jemand von euch meinen Geldbeutel genommen? Er **legte / lag / stand** doch hier.

e. Als ich ankam, **standen / stellten / lagen** alle vor der Haustür, um mich zu begrüßen.

Pronomi riflessivi

Si declinano come i pronomi personali tranne alla 3ª persona singolare e plurale e alla forma di cortesia. Notate che alcuni verbi sono riflessivi o pronominali in tedesco, ma non lo sono in italiano, e viceversa.

Accusativo	Dativo
ich wasche mich	ich kaufe mir ein Auto
du wäschst dich	du kaufst dir ein Auto
er wäscht sich	er kauft sich ein Auto
wir waschen uns	wir kaufen uns ein Auto
ihr wascht euch	ihr kauft euch ein Auto
sie/Sie waschen sich	sie/Sie kaufen sich ein Auto

6 Coniugate i verbi al presente indicativo nella persona indicata tra parentesi.

a. sich kämmen (*2ª pers. sing.*) → ....

b. sich freuen (*3ª pers. sing.*) → ....

c. sich einen Tee machen (*1ª pers. plur.*) → ....

d. sich setzen (*1ª pers. sing.*) → ....

ACCUSATIVO – DATIVO

7 Traducete le frasi utilizzando i seguenti verbi pronominali o riflessivi:

sich beeilen   sich vorbereiten   sich benehmen
sich umdrehen   SICH ANZIEHEN   sich erholen

a. Non ho tempo, mi devo preparare.

→ ....

b. Non girarti! (Lui) È lì.

→ ....

c. Si è comportata molto bene.

→ ....

d. Durante le vacanze ci siamo ben riposati.

→ ....

e. Sbrigati! Il film comincia tra 5 minuti.

→ ....

f. Non mi sono ancora vestito.

→ ....

8 Unite ciascuna frase in tedesco alla traduzione italiana corrispondente.

1. sich ändern   •   • a. temere
2. spazieren gehen •   • b. passeggiare
3. sich schämen   •   • c. affogare
4. geschehen   •   • d. svegliarsi
5. ertrinken   •   • e. succedere
6. sich fürchten •   • f. vergognarsi
7. aufstehen   •   • g. cambiare
8. aufwachen   •   • h. alzarsi

ACCUSATIVO – DATIVO

Vocabolario per orientarsi in città

Gli avverbi di luogo:

hier	qui
da	qui/là
dort	là/laggiù
oben	in alto/su
unten	in basso/sotto
rechts	a destra
links	a sinistra
hinten	dietro
vorn	davanti
drinnen	dentro
draußen	fuori
drüben	dall'altra parte

- usati per esprimere la posizione occupata da qcn. o qcs., restano invariati → **Ich bin unten**.
- usati per indicare la provenienza di qcn. o qcs., sono preceduti dalla particella **von** → **Ich komme von unten**.
- usati per indicare la direzione di qcn. o qcs., sono preceduti dalla preposizione **nach** → **Ich gehe nach unten**.

Notate che esiste un'altra costruzione per esprimere la provenienza e la direzione di qcn. o qcs. (per la quale vi rimandiamo al capitolo 15: *her* e *hin*).

9 Completate le frasi con gli avverbi indicati tra parentesi.

a. Ich bin .... **(su)**

b. .... ist es zu warm. Lasst uns .... gehen. **(dentro/fuori)**

c. Sitzt du lieber .... oder .... ? **(a sinistra/a destra)**

d. Er kam .... **(da destra)**

e. Setz dich .... **(dietro)**

10 Completate le frasi con le parole elencate qui sotto a sinistra.

nehmen

Richtung

verfahren

geradeaus

verlaufen

komme

biegen

a. Wie .... ich zum Bahnhof?
Dove si trova la stazione? (lett.: *Come arrivo …?*)

b. Fahren Sie immer weiter ....!
Vada sempre dritto!

c. .... Sie nach links ab!
Svolti a sinistra!

d. .... Sie die zweite Straße rechts!
Prenda la seconda via a destra!

e. Sie haben sich .... / ....!
È andata nella direzione sbagliata a piedi / in auto.

f. Sie müssen in die andere ....!
Deve andare nell'altra direzione.

ACCUSATIVO – DATIVO

11 Parole crociate.

↓ Verticale
1B ospedale
3B museo
5B stazione
10I posta
11A chiesa
14B panetteria
16I cinema

→ Orizzontale
7B piscina
3D scuola
9F teatro
1J farmacia
10K stadio
1L supermercato

Bravi, avete appena concluso il capitolo 12! Contate le icone e riportate il risultato a pagina 128 per la valutazione finale.

69

Sintassi

Principale e subordinata...

La sintassi tedesca è molto complessa. L'ordine degli elementi all'interno della frase varia a seconda della funzione che essi svolgono e a seconda del tipo di proposizione: principale o subordinata.

- <u>Principale</u>: il verbo occupa sempre la posizone 2 (tranne che in una frase interrogativa senza pronome interrogativo). Gli altri elementi si collocano intorno al verbo:

   → **Peter fährt morgen nach Ulm. / Morgen fährt Peter nach Ulm. / Nach Ulm fährt Peter morgen.** (Costruzione più rara, tuttavia corretta.)

Se il nucleo verbale comprende un participio passato, un infinito o una particella separabile, questi sono rimandati al fondo della frase. Il nucleo verbale mantiene tuttavia la posizione 2:

   → **Gestern ist Peter nach Ulm gefahren. / Peter möchte morgen nach Ulm fahren. / Peter reist morgen nach Ulm ab.**

In generale, il complemento di tempo può occupare la posizione I o precedere il complemento di luogo.

La frase interrogativa con pronome interrogativo segue la stessa regola:

   → **Wann ist Peter nach Ulm gefahren? / Wer möchte morgen nach Ulm fahren?**

1 Riordinate gli elementi delle frasi secondo il seguente modello: nel primo caso formate una frase introdotta dal soggetto, nel secondo, dal complemento di tempo.

Es: hat angerufen / gestern / sie / mich → Sie hat mich gestern angerufen. / Gestern hat sie mich angerufen.

a. zieht um / mein Sohn / im Mai

   → .... / ....

b. heute / er / ist losgefahren

   → .... / ....

c. kannst / du / nächste Woche / bei mir wohnen

   → .... / ....

... Principale e subordinata

- Subordinata: la frase è introdotta da una congiunzione subordinante che le conferisce un determinato significato. Il verbo occupa l'ultima posizione. La posizione degli altri elementi resta invariata.

  → **Sie weiß nicht, ob Peter morgen nach Ulm fährt. / Sie weiß nicht, ob Peter morgen nach Ulm abreist. / Sie weiß nicht, ob Peter morgen nach Ulm fahren kann. / Sie weiß nicht, ob Peter gestern nach Ulm gefahren ist.**

  Generalmente il soggetto è collocato subito dopo la congiunzione, ma può anche seguire il complemento: **Sie weiß nicht, ob morgen Peter nach Ulm fährt.**

- Subordinata a inizio frase: il soggetto e il verbo della principale invertono la posizione, ma l'infinito, il participio passato e la particella separabile mantengono la posizione alla fine della principale.

  → **Ob Peter morgen nach Ulm fährt, weiß sie nicht. / Ob Peter morgen nach Ulm fährt, kann sie nicht <u>sagen</u>. / Wann Peter morgen nach Ulm fährt, hat sie nicht <u>gesagt</u>. / Wenn Peter morgen nach Ulm fährt, kommt sie auch <u>mit</u>.**

  Notate che la principale e la subordinata sono sempre separate da una virgola.

2 Riordinate gli elementi che compongono la subordinata introdotta da: *Sie weiß nicht, ob...*

Esempio: den Brief / ihr Freund / hat bekommen → (...), ob ihr Freund den Brief bekommen hat.

a. schön / das Wetter / am Wochende / wird
  → Sie weiß nicht, ob ....

b. am Samstag / ihr Bruder / kann mitkommen
  → Sie weiß nicht, ob ....

c. deine Mutter / hat angerufen / er
  → Sie weiß nicht, ob ....

3 Invertite l'ordine principale/subordinata e viceversa.

a. Wir kommen pünktlich an, wenn es keinen Verkehr gibt.
  → ....

b. Bevor wir anfangen, möchte ich meine Mutter anrufen.
  → ....

c. Wir können dich nach Hause fahren, nachdem wir Sabine zum Bahnhof gebracht haben.
  → ....

Le congiunzioni

Come in italiano, le congiunzioni vi aiuteranno ad arricchire i vostri enunciati, a formulare frasi più complesse e a evitare di usare unicamente le frasi principali. Vi raccomandiamo di impararle a memoria.

Notate che:

- **da** e **weil** sono due congiunzioni causali aventi tuttavia significati diversi:

  - **da** si colloca generalmente a inizio frase e introduce una causa più o meno nota o comunque poco sorprendente: **Da es immer noch kalt ist, ziehe ich mich warm an.** *(La bassa temperatura non sorprende in quanto fa freddo già da tempo.)*

  - **weil** si colloca subito dopo la frase principale e introduce una causa sconosciuta o che coglie di sorpresa: **Ich ziehe mich warm an, weil es heute viel kälter ist.** *(Il freddo sorprende perché fino a quel momento faceva caldo.)*

als	quando
anstatt, dass...	anziché
bevor	prima che
bis	fino a che
damit	affinché
dass	che
nachdem*	dopo che
ob	se... o no
obwohl	benché
ohne dass	senza che
weil/da	poiché/perché
wenn	se / quando, ogni volta che

Nel linguaggio parlato, questa differenza di significato non è sempre rispettata.

- **anche** la congiunzione coordinante **denn** esprime una causa: **Ich ziehe mich warm an, denn es ist kalt;** in quanto coordinante, il verbo occupa la posizione II.

4 Cerchiate la congiunzione corretta.

a. Er ist arbeiten gegangen, **obwohl/damit/bevor** er krank ist.

b. Putz dir die Zähne, **bevor/bis/damit** du ins Bett gehst.

c. Er sagt, **dass/damit/bis** es nicht wahr ist.

d. Ich helfe dir, **bevor/damit/obwohl** es schneller geht.

e. Ich werde lernen, **bevor/bis/dass** ich es sehr gut kann.

f. Ich würde öfter schwimmen gehen, **wenn/obwohl/ob** das Schwimmbad nicht so weit wäre.

g. Ich bin nicht sicher, **ob/wenn/damit** er meine Mail bekommen hat.

SINTASSI

5 Completate le frasi con *da*, *weil* o *denn*.

a. Ich fahre mit dem Bus, ………………………… ich einen Autounfall hatte.

b. ………………………… wir wenig Zeit haben, werden wir nur die Familie besuchen.

c. Ich muss nach Hause, ………………………… es ist schon spät.

d. Er kommt nicht, ………………………… er krank ist.

Aggettivi composti

Come per i sostantivi, in tedesco esistono anche numerosi aggettivi composti formati dall'unione di due o più termini. Le combinazioni possono essere diverse:

– **aggettivo + aggettivo: dunkel** (*scuro*) **+ rot** (*rosso*) ➜ **dunkelrot** *rosso scuro*

– **sostantivo + aggettivo: der Himmel** (*cielo*) **+ blau** (*blu*) ➜ **himmelblau** *blu cielo*

In alcuni casi tra i due termini occorre intercalare una lettera (generalmente la **s** di congiunzione), o, al contrario, ometterne una (in genere la **n**): **das Leben** (*la vita*) **+ notwendig** (*necessario*) ➜ **lebensnotwendig** *vitale, essenziale per la vita*.

Come potete notare, l'ordine delle parole è inverso rispetto all'italiano, ovviamente la traduzione letterale non è sempre possibile.

6 Formate degli aggettivi composti e traduceteli in italiano.

a. **der Schnee** *la neve* + **weiß** *bianco*

   ➜ ……………………………………

b. **hell** *chiaro* + **grün** *verde*

   ➜ ……………………………………

c. **der Rabe** *il corvo* + **schwarz** *nero*

   ➜ ……………………………………

d. **das Haus** *la casa* + **gemacht** *fatto/prodotto*

   ➜ ……………………………………

e. **das Leben** *la vita* + **froh** *contento/lieto*

   ➜ ……………………………………

f. **die See** *il mare* + **krank** *malato*

   ➜ ……………………………………

SINTASSI

7 Scomponete gli aggettivi e abbinateli alla loro traduzione italiana.

1. strohdumm → .... •
2. kinderleicht → .... •
3. riesengroß → .... •
4. pflegeleicht → .... •
5. farbenblind → .... •
6. bildhübsch → .... •
7. federleicht → .... •

• **a**. bellissimo
• **b**. gigantesco
• **c**. daltonico
• **d**. facilissimo/un gioco da ragazzi
• **e**. leggero come una piuma
• **f**. pratico
• **g**. tonto

Comunicazione e nuove tecnologie

La maggior parte dei termini che si riferiscono alle nuove tecnologie derivano dall'inglese; molti tra questi ricorrono anche nella lingua italiana. Per quanto riguarda il genere di questi sostantivi, non c'è una regola precisa; alcuni hanno addirittura due generi.

8 Ecco alcune frasi chiave di una conversazione telefonica. Completatele inserendo i termini che trovate qui sotto:

Hallo zurückrufen Telefonnummer am Apparat Nachricht VERWÄHLT auf Wiederhören Vorwahl

a. Guten Tag, Schmitt .... Könnte ich bitte mit Frau Köhler sprechen?

b. Einen Augenblick bitte. (…) Die Leitung ist besetzt. Könnten Sie später .... ?

c. Mit wem möchten Sie sprechen? (…) Sie haben sich .... Hier ist die 124.

d. Meine ..... ist die 011 9131965 und die .... für Italien ist die 00 39.

e. Frau Köhler ist nicht da. Möchten Sie eine .... hinterlassen?

f. .... ! Wer ist bitte am Apparat?

g. In Ordnung. Morgen schicke ich Ihnen die ganze Information. .... !

SINTASSI

9 Inserite le lettere mancanti.

a. _ _ _ _ _ _ H _ N *televisione*
b. _ A _ _ _ *radio*
c. _ _ _ H *libro*
d. _ _ _ E _ *lettera (missiva)*
e. _ _ _ T _ _ G *giornale*
f. Z _ _ _ S _ H _ _ F _ *rivista*
g. N A _ _ R I _ _ T _ _ *informazioni*
h. T _ G _ S _ _ H _ U *telegiornale*

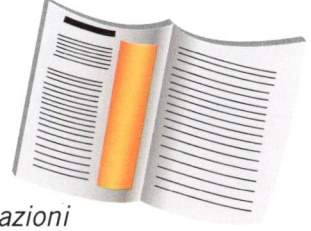

10 *Der, die* oppure *das*?

a. .... Handy
b. .... iphone
c. .... Computer
d. .... / .... SMS
e. .... Website
f. .... / .... Mail
g. .... PC
h. .... Mailbox
i. .... Email Adresse
j. .... Keyboard
k. .... / .... Laptop
l. .... Informatik
m. .... Programm
n. .... Dokument

11 Abbinate ciascun termine alla traduzione corrispondente.

1. die Verbindung • • a. la password
2. der Drucker • • b. il mouse
3. die Datei • • c. i dati / file
4. das Kennwort • • d. la connessione
5. die Maus • • e. la stampante
6. das Mauspad • • f. lo schermo
7. der Bildschirm • • g. tappetino da mouse

Bravi, avete appena concluso il capitolo 13! Contate le icone e riportate il risultato a pagina 128 per la valutazione finale.

14
Verbi di modo

Coniugazione e uso dei verbi di modo

- **Müssen** (*dovere*) esprime un ordine, un obbligo, così come una volontà o necessità assoluta: **Wir müssen das Auto stehen lassen, es ist kaputt.** *Dobbiamo/Bisogna lasciare la macchina qui, è rotta*; **Der Film ist toll. Du musst ihn sehen.** *Il film è bellissimo. Devi vederlo/Bisogna che tu lo veda.* In italiano, **müssen** è spesso tradotto dalla locuzione *bisogna / occorre che*.

- **Sollen** (*dovere*) esprime un dovere morale, un consiglio impartito da terzi, un desiderio, un ordine: **Du sollst dir die Zähne putzen.** *Devi lavarti i denti.* L'attenuazione di significato può essere indicata dall'uso del Konjunktiv II ipotetico: **Das sollte man nicht tun.** *Non lo si dovrebbe fare.*

- **Können** (*potere*) esprime una capacità, possibilità, o abilità: **Kannst du Deutsch (sprechen)?** *Sai parlare tedesco?* In una domanda (quando si prega qcn. di fare qcs.) e nella risposta corrispondente, **können** è spesso coniugato al Konjunktiv II ipotetico: **Könnten Sie früher kommen? – Ja, ich könnte schon um 7 Uhr kommen.** *Potrebbe arrivare prima? – Sì, potrei arrivare alle 7.*

- **Dürfen** (*potere/avere il diritto*) traduce un permesso accordato da terzi e si usa per formulare una richiesta in maniera cortese: **Ich darf bis Mitternacht ausgehen.** *Posso uscire fino a mezzanotte / Ho il permesso (di stare fuori) fino a mezzanotte*; **Darf ich Sie um das Salz bitten?** *Posso domandarLe il sale?*

- **Wollen** (*volere*) esprime una forte determinazione: **Ich will es versuchen.** *Voglio (assolutamente) provare.*

- **Mögen** (*piacere/volere*) al presente è usato soprattutto in ambito gastronomico e traduce *apprezzare/piacere*: **Ich mag Schokoladenkuchen.** *Mi piace la torta al cioccolato.* Usato al Konjuktiv II ipotetico, esprime un desiderio: **Ich möchte zu Hause bleiben.** *Vorrei restare a casa.*

Notate che **wissen** (*sapere*) si coniuga come i verbi di modo (*vedi tavola di coniugazione alle pagine 118-119*).

L'uso dei verbi di modo dipende dal contesto e dal messaggio che si intende trasmettere: **Er darf nicht mitkommen.** *Non può venire (Non ha il permesso).* ≠ **Er kann nicht mitkommen.** *Non può venire. (Non ha tempo).*

VERBI DI MODO

1 Cerchiate l'alternativa corretta.

a. Vorm Essen **soll/kann/darf** man sich die Hände waschen.

b. Gestern **mochte/konnte/musste** ich um 4.30 aufstehen, weil ich einen frühen Flieger hatte.

c. **Will/Soll/Darf** ich Sie etwas fragen?

d. Wir **dürfen/sollen/können** hier nicht rauchen. Hier steht „Rauchen verboten!"

e. Er **will/darf/kann** sehr gut Deutsch.

f. **Müssen/Dürfen/Möchten** Sie etwas trinken? – Ja gern.

g. Ich **kann/muss/will** leider nicht länger bleiben. Mein Zug fährt in 30 Minuten.

h. **Kannst/Weißt/Darfst** du, wie spät es ist?

2 Cerchiate il verbo corretto.

a. Er **darf/kann** nicht ins Kino gehen. *(I suoi genitori non vogliono.)*

b. ≠ Er **darf/kann** nicht ins Kino gehen. *(Ha troppo lavoro.)*

c. Er **will/möchte** Wasser. *(Vuole dell'acqua e nient'altro.)*

d. ≠ Er **will/möchte** Wasser. *(Vorrebbe dell'acqua.)*

e. Er **soll/muss** es ihm sagen. *(Impossibile nascondere la verità.)*

f. ≠ Er **soll/muss** es ihm sagen. *(Sarebbe più corretto.)*

3 Ecco alcune frasi introdotte da *Könnten Sie bitte...* (Potrebbe..., per cortesia). Completatele con i verbi qui sotto:

halten *buchstabieren* *ausfüllen* *rufen* *wiederholen* *warten*

a. Ich habe Sie nicht verstanden. Könnten Sie das bitte .... ?

b. Könnten Sie mir bitte ein Taxi .... ?

c. Könnten Sie bitte dieses Formular .... ?

d. Könnten Sie bitte Ihren Namen .... ?

e. Könnten Sie bitte einen Augenblick .... ?

f. Könnten Sie bitte die Klappe* .... ?

Potrebbe tenere la bocca chiusa, per favore?

VERBI DI MODO

Frasi idiomatiche

In tedesco numerose espressioni idiomatiche si costruiscono con i verbi modali. Non sempre le espressioni italiane corrispondenti ricorrono allo stesso verbo. Eccovene alcuni esempi nel prossimo esercizio.

4 Trovate per ciascuna espressione tedesca la traduzione italiana corrispondente.

1. Es kann sein.
2. Das darf doch nicht wahr sein.
3. Wenn ich bitten darf.
4. Was darf es sein?
5. Wenn es sein muss!
6. Wer will, der kann.

a. Desidera?
b. Se posso permettermi.
c. Può essere/È possibile
d. Volere è potere!
e. Non è vero!
f. Se così dev'essere!

Tradurre o... o...; né... né...; tanto... quanto...; sia... sia/che...; può essere

- **entweder... oder...** → *o... o...* : **Wir sehen uns entweder am Samstag oder am Sonntag.** *Ci vediamo sabato o domenica.*

- **weder... noch...** → *né... né...*: **Sie kann weder Ski fahren noch Tennis spielen.** *Non sa né sciare né giocare a tennis.*

- **sowohl... als auch/wie auch...** → *tanto... quanto..., sia... sia/che*: **Sowohl Paul als auch/wie auch Sabine können dich abholen.** *Sia Sabine che Paul possono passare a prenderti.*

5 Traducete le frasi qui sotto e abbinate ciascuna congiunzione causale al verbo di modo adeguato.

a. Non può (non ha il permesso) né uscire **(ausgehen)** né invitare gli amici.

   → ....

b. Bisogna che (tu) lo chiami (o) stasera o domani sera.

   → ....

c. Parla sia italiano che inglese.

   → ....

d. Vorrei (o) un gelato al cioccolato o una torta al cioccolato.

   → ....

VERBI DI MODO

Vocabolario per i mezzi di locomozione e la circolazione

Ecco qualche utile abbreviazione se dovete prendere il treno: **Abf.** → **Abfahrt** *(partenza)*, **Ank.** → **Ankunft** *(arrivo)*, **Hbf.** → **Hauptbahnhof** *(stazione centrale)*, **DB** → **Deutsche Bundesbahn** *(ferrovie nazionali tedesche)*, **IC** → **InterCity** e **EC** → **EuroCity** *(intercity)*, **ICE** → **InterCityExpress** *(treno veloce)*, **S-Bahn** → **Schnellbahn** *(metropolitana di superficie)*.

6 Trovate il sinonimo.

a. die Bahn
→ ....

b. der Flieger
→ ....

c. das Auto
→ ....

d. das Boot
→ ....

7 Abbinate ciascuno dei termini qui sotto alla traduzione italiana corrispondente: *l'incrocio, il semaforo, l'imbottigliamento, la circolazione, l'incidente, il distributore di benzina.*

a. die Kreuzung → ....
b. der Unfall → ....
c. der Verkehr → ....
d. der Stau → ....
e. die Ampel → ....
f. die Tankstelle → ....

8 Inserite le lettere mancanti.

a. die **H _ L T _ S _ E _ L _** *fermata (del bus…)*

b. der **A _ _ _ _ _ _** *l'autobus*

c. die **_ – B _ _ N** *la metro (abbreviazione)*

d. die **S _ _ _ _ _ _** *la fermata*

e. das **_ _ _ O _ R _ D** *la moto*

f. die **S _ _ _ _ E _ B _ _ _** *il tram*

g. die **_ _ T _ _ A _ _** *l'autostrada*

h. die **_ _ _ _ _ E** *la strada*

9 Parole crociate: traducete le seguenti parole.

	1	2	3	4	5	6	7
A							
B							
C							
D							
E							
F							
G							
H							
I							
J							
K							

↓ **Verticale**

1A volare (in aereo)
4D correre
6F navigare/fare vela

→ **Orizzontale**

1B correre, camminare velocemente
1E camminare
2I atterrare
1K guidare

Bravi, avete appena concluso il capitolo 14! Contate le icone e riportate il risultato a pagina 128 per la valutazione finale.

15
Verbi separabili e inseparabili

Uso delle particelle (regola di base)

Le particelle, ovvero preposizioni o brevi prefissi che uniti al verbo ne modificano lievemente o completamente il significato, si dividono in tre categorie:

- particelle inseparabili: **be-**, **emp-**, **ent-**, **er-**, **ge-**, **miss-** (**miß-** prima della riforma ortografica), **ver-** e **zer-**. Queste particelle sono sempre unite al verbo cui danno un significato completamente nuovo. Al participio passato non aggiungono il prefisso **ge**: *Ich verkaufe mein Fahrrad.* → *Ich habe mein Fahrrad verkauft.*

- particelle separabili: sono numerose: **an-**, **aus-**, **mit-**, **zurück-**... Nelle proposizioni principali al presente e al Präteritum, la particella viena separata dal verbo e posta alla fine della frase stessa; nei tempi composti con il participio passato, la particella resta unita a quest'ultimo: **ankommen** → *Ich komme um 10 Uhr an.* → *Ich bin um 10 Uhr angekommen.*

- particelle miste: **durch-**, **über-**, **unter-**, **um-**, **wider-** e **wieder-**. Alcune di queste sono separabili, altre inseparabili. Nel caso siano separabili l'accento cade sulla particella preposta al verbo. Nel caso siano inseparabili, l'accento cade sulla vocale radicale del verbo. Poiché una distinzione semantica e grammaticale dei verbi separabili e inseparabili costruiti con **durch-**, **über-**, **um-**, **unter-** è molto complessa, vi raccomandiamo, all'inizio, di impararli a memoria. Ad esempio, **um-** è separabile quando esprime un cambiamento di luogo o di stato; è inseparabile quando ha il significato di *circondare* o *ruotare intorno a qcn. o qcs.*: **Wir steigen in Bonn um.** *Cambiamo a Bonn.* ≠ **Wir müssen die Stadt umfahren.** *Dobbiamo fare il giro della città.* **Wider-** è separabile con il significato di *riflettere/risuonare/riprendere*; è inseparabile con il significato di *essere contro*: **Es spiegelt sich im Wasser wider.** *Si riflette nell'acqua.* ≠ **Er widerspricht mir ständig.** *Mi contraddice continuamente.* **Wieder-** è quasi sempre inseparabile, tranne **wiederholen** (*ripetere*). Dalla riforma, **voll-** non vale più come particella mista.

1 Completate le frasi coniugando correttamente i seguenti verbi.

ENTDECKEN   verbieten   bekommen   sich benehmen
erzählen   empfehlen   verstehen   gewinnen

a. Ich habe nicht ...., was er gesagt hat.

b. Wer hat gestern beim Fußball ....?

c. Rauchen .... Hast du das Schild nicht gesehen?

d. Was .... Sie mir als Wein?

VERBI SEPARABILI E INSEPARABILI

e. Sie hat mir eine schöne Geschichte ....

f. Wie viele Mails .... du pro Tag?

g. In welchem Jahr wurde Amerika ....

h. Die Kinder haben sich sehr gut ....

2 Completate le frasi inserendo i seguenti verbi, opportunamente coniugati.

anrufen   aussteigen   zurückkommen
einladen   vorbeigehen   aufräumen   mitbringen

a. Wen möchtest du zum Geburtstag .... ?

b. Ich habe mein ganzes Zimmer ....

c. .... Sie bitte 2 Fotos und Ihren Pass .... ?

d. Hast du etwas von Sabine gehört? – Ja, sie hat mich gestern ....

e. Wir .... bei der nächsten Bushaltestelle ....

f. Er ist an mir .... , ohne einmal zu grüßen.

g. Ich bin gestern aus dem Urlaub ....

3 Indicate con una S la particella separabile e con una I la particella inseparabile.

a. unterschreiben (*firmare*) → ....
b. abfliegen (*decollare*) → ....
c. umziehen (*traslocare*) → ....
d. überlegen (*riflettere*) → ....
e. übersetzen (*tradurre*) → ....
f. umfallen (*cadere*) → ....

g. umarmen (*abbracciare*) → ....
h. überholen (*sorpassare*) → ....
i. unterbrechen (*interrompere*) → ....
j. untergehen (*tramontare – sole*) → ....
k. umkehren (*invertire*) → ....
l. durchqueren (*attraversare uno spazio*) → .....

VERBI SEPARABILI E INSEPARABILI

4 Completate le frasi con il verbo coniugato corretto.

a. Es hat geklingelt. Kann jemand die Tür ....? **(machen/aufmachen/zumachen)**

b. Schnell, der Film hat schon .... **(fangen/anfangen/empfangen)**

c. Die Zeit .... schnell. **(gehen/vergehen/aufgehen)**

d. Viele alte Leute .... schlecht. **(hören/zuhören/gehören)**

e. Morgen möchte ich meine Großmutter .... **(suchen/versuchen/besuchen)**

f. Susi ist leider beim Abitur (*esame di maturità*) .... **(fallen/umfallen/durchfallen)**

5 Da ciascun sostantivo ricavate il verbo corrispondente e viceversa.

Sostantivo	Verbo
die Abfahrt	....
die Ankunft	....
die Bestellung	....
die Unterschrift	....

Sostantivo	Verbo
....	erklären
....	erzählen
....	anfangen
....	wiederholen

6 Cerchiate l'alternativa corretta.

a. Es ist kalt. Zieh dir etwas Warmes **um/an/aus**.
Fa freddo. Mettiti qualcosa di caldo.

b. So kannst du nicht ausgehen. Zieh dich bitte **um/an/aus**.
Non puoi uscire così. Cambiati, per favore.

c. Zieh bitte die Schuhe **um/an/aus**.
Togliti le scarpe, per cortesia.

d. Ach! Ich habe 5 Kilo **zugenommen/aufgenommen/gewonnen**.
Oh! Ho preso 5 chili.

e. Du musst unbedingt **verlieren/abnehmen/wegnehmen**!
Devi assolutamente dimagrire.

VERBI SEPARABILI E INSEPARABILI

hin e *her*

Generalmente i verbi di moto, tra cui **gehen** e **kommen**, sono utilizzati insieme alle particelle **hin** e **her**. Si tratta di vere e proprie locuzioni verbali il cui significato in italiano non è sempre scontato:

- **hin** indica generalmente un movimento a partire da colui che parla verso un'altra direzione o destinazione: **Bring ihm den Wein hin!** *Portagli il vino!* / **Wo gehst du hin?/Wohin gehst du?** *Dove vai?*

- **her** indica un movimento verso colui che parla e la provenienza di qcn. o qcs.: **Bring mir den Wein her!** *Portami il vino!* / **Wo kommt er her?/Woher kommt er?** *Da dove viene?*

- **hin** e **her** possono essere uniti a un avverbio di luogo o a una preposizione: **Ich bringe ihm den Wein hinauf.** *Gli porto su il vino.* In italiano queste sfumature sono spesso tradotte con un verbo preciso: *salire, uscire...* Nel parlato, le forme composte dalla preposizione e dalla particelle **hin** e **her** sono spesso contratte: **hinauf/herauf → rauf, hinaus/heraus → raus...**

Notate l'espressione: **dieses ewige Hin und Her.** *Questo continuo via vai.*

Tradurre *ma*

Questa congiunzione coordinante traduce sia **aber** che **sondern**:

- **aber** congiunge due preposizioni e introduce un'opposizione. La prima proposizione può essere affermativa o negativa: **Ich war müde, aber ich konnte nicht schlafen.** *Ero stanco, ma non potevo dormire.* / **Er ist nicht groß, aber er ist stark.** *Non è alto, ma è forte.*

- **sondern** introduce una rettifica dopo una negazione parziale: **Das Konzert ist nicht am Sonntag, sondern am Samstag.** *Il concerto non è domenica, ma sabato.*

7 Completate con *hin* o *her*.

a. Komm ....! *(Vieni qui!)*

b. Geh ....! *(Vacci)*

c. Geh .... ein!
Ich bleibe draußen.
(Entra! Io resto fuori).

d. Ich bin oben.
Komm .... auf!
(Sono su. Sali!)

e. Er kommt von dort ....
(Viene da là.)

f. Bleib da.
Ich fahre ....
(Resta lì. Ci vado io.)

8 Completate le frasi con *aber* o *sondern*.

a. Es war kurz, ... schön.

b. Es ist anstrengend, ... es macht mir Spaß.

c. Sie ist nicht 10, ... 11.

d. Ich komme nicht morgen, ... übermorgen.

e. Wir haben uns nicht lange gesehen, ... wir haben uns gut unterhalten.

f. Sie ist nicht Deutsche, ... Österreicherin.

VERBI SEPARABILI E INSEPARABILI

Gli avverbi

Numerosi, gli avverbi servono a precisare o a modificare il senso di una proposizione. Non è raro che siano posizionati all'inizio della frase, pertanto prestate attenzione alla sintassi: soggetto e verbo vanno invertiti: **Ich komme morgen, um dir zu helfen.** → **Morgen komme ich, um dir zu helfen.**

9 Abbinate gli avverbi di tempo alla traduzione corrispondente.

1. jetzt • • a. già
2. bald • • b. prima
3. schon • • c. ancora
4. später • • d. adesso
5. sofort • • e. presto
6. noch • • f. dopo
7. früher • • g. subito

10 Abbinate gli avverbi di modo alla traduzione corrispondente.

1. wirklich • • a. prudentemente
2. kaum • • b. insieme
3. fast • • c. completamente
4. zusammen • • d. lentamente
5. langsam • • e. veramente
6. ganz • • f. quasi
7. vorsichtig • • g. appena

11 Unite gli avverbi di frequenza alla traduzione corrispondente.

1. immer • • a. raramente
2. oft • • b. mai
3. gewöhnlich • • c. abitualmente
4. manchmal • • d. sempre
5. selten • • e. spesso
6. nie(mals) • • f. normalmente
7. normalerweise • • g. talvolta

Vocabolario: il denaro

Nell'esercizio che segue, troverete una lista di frasi il cui soggetto è il denaro e di cui la maggior parte è composta da un verbo con particella. Ma prima di passare al vocabolario, ripassiamo la storia della valuta tedesca. Dal giugno 1948 fino all'introduzione dell'Euro (**der Euro**), la moneta ufficiale della RFT era **die Deutsche Mark** o **D-Mark**, il marco tedesco, il cui centesimo era **der Pfennig**. Dal 01/07/90 al 31/12/01, il marco fu la moneta ufficiale della Germania riunificata.

VERBI SEPARABILI E INSEPARABILI

12 Unite ciascuna frase alla sua traduzione italiana. Se il verbo è formato con una particella, sottolineatela.

1. Ich habe 100€ ausgegeben.
2. Ich habe 100€ gespart.
3. Ich habe 100€ bezahlt.
4. Ich habe 100€ aufs Konto überwiesen.
5. Ich habe 100€ verdient.

a. Ho speso 100€.
b. Ho trasferito 100€ sul conto.
c. Ho guadagnato 100€.
d. Ho risparmiato 100€.
e. Ho pagato 100€.

13 Parole crociate.

→ **Orizzontale**
4A denaro
1C a buon prezzo
3F ricevuta
3I costoso

↓ **Verticale**
2A ricco
4A portamonete
7H povero
9D banca

14 Trovate l'equivalente italiano delle espressioni tedesche qui sotto o spiegatene il significato.

a. Zeit ist Geld.

→ ....

b. Besser ein Mann ohne Geld als Geld ohne Mann.

→ ....

c. Geld allein macht nicht glücklich.

→ ....

d. Er schwimmt im Geld.

→ ....

	1	2	3	4	5	6	7	8	9	10
A										
B										
C										
D										
E										
F										
G										
H										
I										
J										

Bravi, avete appena concluso il capitolo 15! Contate le icone e riportate il risultato a pagina 128 per la valutazione finale.

Verbi che reggono una preposizione

Accusativo o dativo?

Molti verbi si costruiscono con una preposizione, ma non esiste una regola che stabilisca quale verbo si costruisce con quale preposizione e a quale caso vada il complemento se si tratta di una preposizione mista: verbi, preposizioni e complementi vanno imparati insieme. In generale si costruiscono con:

- l'accusativo i verbi con preposizione reggente l'accusativo (**für, um...**) o la preposizione mista **über**: **Es handelt sich um den Autounfall.**
- il dativo i verbi con preposizione reggente il dativo (**mit, von...**) e la preposizione mista **vor**: **Wir beginnen mit der Nummer drei.**
- l'accusativo e il dativo i verbi con le preposizioni miste **an**, **auf**, **in**, ecc.: **Kannst du dich an sie erinnern? / Alle haben am Fest teilgenommen.** Unita a certi verbi, la preposizione regge entrambi i complementi: **auf sein/seinem Recht bestehen** (*insistere sulla propria ragione*).

Spesso lo stesso verbo ha più costruzioni preposizionali: **sich über etwas freuen** (+ acc) e **sich auf etwas freuen** (+ acc). Il primo traduce *essere contenti per un evento nel futuro / all'idea di qcs.*, mentre il secondo traduce *rallegrarsi per un evento nel presente o passato*.

Notate che nella risposta a un'interrogativa con complemento indiretto, quest'ultimo non deve necessariamente essere ripetuto (**Freust du dich auf die Ferien? – Ja, ich freue mich auf die Ferien**), ma può essere sostituito da:

- un pronome personale preceduto dalla preposizione, quando si tratta di persone: **Ich habe mich sehr über Paul geärgert. – Ich habe mich auch über ihn geärgert.**
- **da-** + **preposizione** (o **dar-** se la preposizione inizia per vocale), quando si tratta di cose: **Ich habe mich über meine schlechte Note geärgert. – Ich habe mich auch darüber geärgert.**

1 Completate i verbi con la preposizione corretta.

a. Ich danke dir .... das Geschenk.

b. Es riecht .... Wein.

c. Ich bitte dich .... etwas Geduld.

d. Es hängt nur .... dir ab.

e. Ich gratuliere dir ....m Geburtstag.

f. Wir sprechen .... die Ferien.

g. Wir haben .... Politik diskutiert.

h. Ich interessiere mich sehr ...... Popmusik.

VERBI CHE REGGONO UNA PREPOSIZIONE

2 Segnate con una X la risposta corretta.

a. Ich denke an ☐ dich / ☐ dir

b. Man kann sich nicht auf ☐ dich / ☐ dir verlassen.

c. Ich kümmere mich um ☐ den / ☐ dem Garten.

d. Antworte auf ☐ meine / ☐ meiner Frage.

e. Ich habe lange auf ☐ dich / ☐ dir gewartet.

f. Sie hat sich in ☐ eine / ☐ einer Fee verwandelt.

g. Er ist in ☐ dich / ☐ dir verliebt.

h. Es ändert nichts an ☐ die / ☐ der Sache.

3 Sostituite il complemento indiretto con un pronome personale o la costruzione *da(r)-* + preposizione.

a. Hast du dich <u>nach den Uhrzeiten</u> erkundigt?
   → Nein, ich werde mich morgen .... erkundigen.

b. Für mich ist es kein Problem. Ich bin <u>an die Hitze</u> gewöhnt.
   → Ich aber bin überhaupt nicht .... gewöhnt.

c. Ich habe <u>an den Chef</u> persönlich geschrieben.
   → Gute Idee. Ich werde auch .... schreiben.

d. Kannst du dich <u>an Sabine</u> erinnern?
   → .... nicht, aber an ihren Bruder.

e. Möchte keiner von euch <u>an der Versammlung</u> teilnehmen?
   → Doch, ich möchte .... teilnehmen.

Frasi interrogative introdotte da un complemento indiretto

- Se si tratta di persone, la preposizione precede il pronome interrogativo: **preposizione + wen** (per i verbi seguiti dall'accusativo) o **wem** (per i verbi seguiti dal dativo): **An wen schreibst du? – An die Kinder. / Mit wem arbeitest du? – Mit Paul.**

- Se si tratta di cose, **la preposizione va unita a wo-**. Se la preposizione inizia per vocale, tra **wo-** e la preposizione stessa si interpone una **r**: **wor-**: **Wovon hast du geträumt? – Von den Ferien.**

VERBI CHE REGGONO UNA PREPOSIZIONE

4 Completate le frasi con il pronome interrogativo corretto.

a. .... ist er gestorben? – An Krebs.
b. .... kannst du dich erinnern? – An Sabine.
c. .... ist er verantwortlich? – Er ist für Südamerika verantwortlich.
d. .... ist er verliebt? – In Martha.
e. .... möchten Sie anfangen? – Mit der Übersetzung, wenn's geht.

Ma anche...
Esistono numerosi aggettivi e sostantivi che reggono una preposizione. La loro costruzione segue la stessa regola dei verbi.

5 Completate le frasi con le parole che trovate qui sotto. Le preposizioni sono già indicate nel testo.

EINVERSTANDEN   weit   fertig   freundlich   zufrieden   stolz

a. Das hast du gut gemacht. Ich bin sehr .... auf dich.
b. Ich möchte einen neuen Computer kaufen. Bist du damit .... ?
c. Dein Lehrer ist mit dir sehr .... Er sagt, du arbeitest gut und schnell.
d. Bist du mit den Hausaufgaben .... ? – Nein, mir fehlt noch eine Aufgabe.
e. Wohnst du .... von der Stadtmitte? – Nein, 5 Minuten zu Fuß.
f. Ich kann nichts sagen. Zu mir war er immer ....

6 Unite ciascun gruppo nominale alla traduzione corrispondente.

1. die Verwandtschaft mit • • a. l'odio contro
2. die Lust auf (+ acc) • • b. l'influenza su
3. der Einfluss auf (+ acc) • • c. l'amore per
4. der Hass gegen • • d. la fede in
5. der Kampf gegen • • e. la voglia di
6. der Glaube an (+ acc) • • f. la lotta contro
7. die Hoffnung auf (+ acc) • • g. la parentela con
8. die Liebe zu • • h. la speranza di

VERBI CHE REGGONO UNA PREPOSIZIONE

Tradurre *imparare, insegnare, apprendere*

- **etwas lernen** → *imparare, acquisire delle conoscenze, studiare*: **Peter lernt schwimmen.** *Peter impara a nuotare.* Notate la locuzione: **auswendig lernen**, *imparare a memoria*.

- **jmn etwas lehren / jm etwas beibringen** → *insegnare qcs. a qcn.*: **Er hat ihn Deutsch gelehrt. / Er hat ihm Deutsch beigebracht.** *Gli ha insegnato il tedesco.* In tedesco corrente, **lehren** è spesso sostituito da **beibringen**.

- **hören, dass… / erfahren, dass…** → *apprendere una notizia, (venire a) sapere, sentire qcs. da terzi*: **Ich habe gehört/erfahren, dass er nach Deutschland umgezogen ist.** *Ho sentito che si è trasferito in Germania.*

7 Traducete le seguenti frasi.

a. Ho saputo che Sabine si è sposata.
→ ....

b. Vorrei imparare il tedesco.
→ ....

c. (Lei) Gli insegna a giocare a tennis. **(Tennis spielen)** *(2 versioni possibili)*
→ ....
→ ....

d. Studio meglio la mattina che la sera.
→ ....

e. Lei insegna tedesco agli stranieri. *(2 versioni possibili)*
→ ....
→ ....

8 Unite ciascuna locuzione preposizionale alla traduzione corrispondente.

1. Auf keinen Fall   •   • a. Puntuale al minuto
2. In jedem Moment •   • b. A piedi
3. Zu Fuß   •   • c. Agli ordini!
4. Zu Befehl   •   • d. A caso
5. Auf gut Glück   •   • e. In ogni momento
6. Auf die Minute genau •   • f. In nessun caso

VERBI CHE REGGONO UNA PREPOSIZIONE

Vocabolario da viaggio

9 Completate le frasi con le parole qui sotto:

Flughafen · Fahrkarte · Gepäck · Fenster · Gang · Flug · Bahnhof · Ermäßigung · Gleis

a. Ihr Flieger ist um 18 Uhr. Sie müssen spätestens um 17 Uhr am .... sein.

b. Sie haben viel ...., drei Koffer und eine Reisetasche.

c. Möchten Sie am .... oder am .... sitzen?

d. Der .... dauert 2 Stunden.

e. Sie müssen schnell zum ...., ihr Zug ist in 20 Minuten. Er fährt von .... 5 ab.

f. Als Student haben Sie eine ....

g. Sie möchten eine .... hin und zurück nach Köln.

10 Parole crociate.

→ **Orizzontale**
4D villaggio
6G dogana
1J capitale
7M turista

↓ **Verticale**
1H bandiera
4A paese
6C frontiera/confine
7I città
9D estero

	1	2	3	4	5	6	7	8	9	10	11	12	13
A													
B													
C							G						
D									A				
E													
F													
G									L				
H													
I													
J	H						T						
K													
L													
M													

VERBI CHE REGGONO UNA PREPOSIZIONE

11 Traducete i nomi delle seguenti località geografiche.

a. der Schwarzwald → ....
b. der Bodensee → ....
c. der Kölner Dom → ....
d. der Bayerische Wald → ....
e. Aachen → ....
f. Regensburg → ....
g. die Ostsee → ....
h. die Nordsee → ....

12 Riordinando le lettere in stampatello otterrete la traduzione dei termini italiani.

a. viaggio E/S/I/R/E
   → die ....

b. ferie N/F/R/I/E/E
   → die ....

c. vacanze R/B/L/U/U/A
   → der ....

d. carta d'identità W/S/A/I/U/E/S
   → der ....

e. passaporto E/I/S/P/S/A/S/R/E
   → der ....

f. supplemento G/U/Z/H/L/C/S/A
   → der ....

g. biglietto aereo T/C/K/F/G/I/L/E/T/U
   → das ....

h. soggiorno F/H/T/L/N/A/U/E/A/T
   → der ....

Bravi, avete appena concluso il capitolo 16! Contate le icone e riportate il risultato a pagina 128 per la valutazione finale.

17
Costruzioni infinitive

Forme e uso

Le costruzioni infinitive si riferiscono a una persona o cosa menzionata nella frase da cui dipendono e di cui sono il complemento.

- Il verbo dell'infinitiva è preceduto da **zu**, generalmente tradotto in italiano con *a* o *di/da*: **Er versucht, früher zu kommen.** In presenza di più infinitive, **zu** deve essere ripetuto ogni volta: **Ich hoffe, sie zu sehen und zu sprechen**.

Con i verbi separabili, **zu** si posiziona tra particella e verbo: **Er versucht, früher loszufahren.**

- L'infinito non è preceduto da **zu** dopo i verbi modali e quelli usati come tali, tra cui: **bleiben, gehen, hören, lassen, lernen, sehen** → **Ich möchte ein Bier trinken. / Wir gehen später einkaufen.**

Attenzione: il verbo **helfen** è utilizzato come verbo modale solo se l'infinitiva che segue è costituita da un solo verbo, ovvero **zu** è omesso in assenza di complemento o qualora ve ne sia soltanto uno: **Ich helfe ihr abdecken.** ≠ **Ich helfe ihr, den Tisch abzudecken.**

Nota: **lassen** seguito da infinito è usato con il significato di (*fare/farsi*) *fare qcs.*: **Ich lasse mir die Haare schneiden.** *Mi faccio tagliare i capelli.*

- Le costruzioni infinitive con **um... zu** (*al fine di/per*, per esprimere desiderio o scopo), **ohne... zu** (*senza*, per introdurre una subordinata esclusiva) e **anstatt... zu** (*anziché*, con valore avversativo) sono indipendenti e hanno un significato proprio. **Zu** precede sempre l'infinito e il complemento si interpone tra **um**, **ohne** o **anstatt** e **zu**: **Sie kam ins Haus, ohne zu klingeln. / Sie ist früher gekommen, um die Kinder zu sehen.** Le costruzioni con **um... zu**, **ohne... zu** e **anstatt... zu** possono essere collocate a inizio frase; la principale è introdotta dal verbo: **Ohne zu klingeln, kam er ins Haus.** (*v. cap. 13*). Come in italiano, il soggetto della principale è lo stesso della secondaria, diversamente la costruzione infinitiva non è possibile e occorre utilizzare le congiunzioni di subordinazione (*v. cap. 13*).

Nota: l'infinitiva costruita con **um... zu** è introdotta dal pronome interrogativo **wozu**.

1 Con o senza *zu*?

a. Ich lerne ...... schwimmen.

b. Er kann noch nicht richtig ...... laufen.

c. Ich freue mich, in Berlin ...... studieren.

d. Ich habe aufgehört ...... rauchen.

e. Ich hoffe, dich bald wieder ...... sehen.

f. Ich helfe dir, den Koffer ...... tragen.

g. Ich höre ihn ...... lachen.

COSTRUZIONI INFINITIVE

2 Completate le frasi con *um... zu, anstatt... zu* o *ohne... zu*.

a. Lern für deine Prüfung, ... nichts .... machen.

b. Ich lebe nicht .... arbeiten, sondern ich arbeite .... leben.

c. .... mich .... fragen, hat er meine Tasche genommen.

d. Er ist gegangen, ... ein Wort .... sagen.

e. ...... richtig Deutsch .... lernen, solltest du ein Jahr in Deutschland verbringen.

f. Er macht seine Hausaufgaben, ... überlegen.

3 Unite ciascuna domanda alla risposta corrispondente.

1. Wozu brauchst du Seife?
2. Wozu brauchst du Shampoo?
3. Wozu brauchst du ein Handtuch?
4. Wozu brauchst du Zahnpasta?
5. Wozu brauchst du einen Haartrockner?
6. Wozu brauchst du einen Lippenstift?
7. Wozu brauchst du einen Nagellack?
8. Wozu machst du dich so hübsch?

a. Um mir die Fingernägel anzumalen.
b. Um mir die Haare zu föhnen.
c. Um den Traumprinzen zu verführen. *(sedurre)*
d. Um mir die Haare zu waschen.
e. Um mich zu schminken.
f. Um mich zu waschen.
g. Um mich abzutrocknen.
h. Um mir die Zähne zu putzen.

L'infinito sostantivato

Un verbo all'infinito può essere utilizzato come sostantivo; in questo caso è sempre neutro e non ha la forma plurale. Come tutti i nomi si scrive con l'iniziale maiuscola e si usa per esprimere:

- un'idea collettiva, **das Schreien der Kinder** *le urla dei bambini.*

- lo svolgimento di un'azione o un dato di fatto, **Ich habe mir beim Essen in die Zunge gebissen.** *Mi sono morso la lingua mangiando.* / **Das Rauchen ist hier verboten.** *Qui è vietato fumare.*

- l'equivalente dell'infinitiva con **um... zu**, **Um zu übersetzen brauche ich ein Wörterbuch.** → **Zum Übersetzen brauche ich ein Wörterbuch.**

Notate che **wozu** introduce una risposta con **zum**: **Wozu brauchst du das Wörterbuch? – Zum Übersetzen.**

- l'equivalente di una proposizione congiuntiva, **Nachdem man aufgewacht ist, sollte man...** → **Nach dem Aufwachen sollte man...** / **Bevor ich esse, mache ich...** → **Vor dem Essen mache ich...**

In generale l'infinito sostantivato alleggerisce la frase e lo si utilizza in particolare per i titoli di giornale: **Deutsch lernen beim Schlafen** *Studiare il tedesco dormendo.*

COSTRUZIONI INFINITIVE

4 Completate i titoli di giornale con uno dei seguenti verbi:

EINKAUFEN
ABNEHMEN
FAHREN
WARTEN
ESSEN

a. STUNDENLANGES .... FÜR FUSSBALLKARTEN
Über 5 Stunden mussten die Fans von...

b. WUNDERMEDIKAMENT ZUM ....
Sie wog 80 kg und wiegt heute nur noch...

c. WENIG .... MACHT NOCH KEIN SUPERMODEL
Wer ein Supermodel sein möchte...

d. DAS .... IST DAS LIEBSTE HOBBY DER STARS
Sie haben Geld und gehen in die schönsten Geschäfte.

e. BEIM .... EINGESCHLAFEN
Auf der Autobahn ist gestern...

5 Sostituite la proposizione infinitiva o congiuntiva con un infinito sostantivato.

a. Ich brauche ein Glas, um zu trinken.

→ ....

b. Das ist eine schöne Wiese, um zu spielen.

→ ....

c. Bevor ich laufe, mache ich ein paar Sportübungen.

→ ....

d. Ich komme, nachdem ich trainiert habe.

→ ....

e. Er braucht einen Stock, um zu gehen.

→ ....

COSTRUZIONI INFINITIVE

6 Unite ciascuna domanda alla risposta corrispondente.

1. Wozu brauchst du einen Pinsel?
2. Wozu brauchst du einen Besen?
3. Wozu brauchst du einen Kuli?
4. Wozu brauchst du ein Lineal?
5. Wozu brauchst du ein Rezeptbuch?
6. Wozu brauchst du Mehl?
7. Wozu brauchst du eine Schere?
8. Wozu brauchst du eine Brille?

a. Zum Kochen.
b. Zum Lesen.
c. Zum Unterstreichen.
d. Zum Schneiden.
e. Zum Fegen.
f. Zum Unterschreiben.
g. Zum Backen.
h. Zum Malen.

7 Volgete all'infinito i seguenti verbi (al Präteritum).

a. fiel → ....
b. schlug → ....
c. brach → ....
d. hob → ....
e. sprang → ....
f. verlor → ....
g. zog → ....
h. schnitt → ....
i. stieg → ....

Virgola (regola di base)

Sebbene dalla riforma ortografica del 2006 la regola sul suo utilizzo sia più flessibile, la virgola continua a costituire un elemento fondamentale della frase tedesca. In generale:

- la virgola è omessa davanti alle costruzioni infinitive introdotte da **zu**, in assenza di complemento: **Er versucht zu kommen.**

Attenzione: la virgola ricorre qualora si debba disambiguare la frase: **Er versucht, nicht zu weinen.** *Si sforza di non piangere.* ≠ **Er versucht nicht, zu weinen.** *Non si sforza di piangere.*

- la virgola è usata davanti all'infinito introdotto da **zu** se questo è collegato almeno a un complemento: **Er versucht, einen früheren Zug zu nehmen.** *Cerca di prendere un treno prima.*

Per le costruzioni indipendenti con **um… zu**, **ohne… zu** e **anstatt… zu**, la regola sull'uso della virgola è invece molto precisa:

- la virgola va posta davanti a tutti gli infiniti con o senza complemento: **Sie ist zu Hause geblieben, anstatt mit ihrer Familie in Urlaub zu fahren. / Ohne zu klingeln, kam sie ins Haus.**

COSTRUZIONI INFINITIVE

8 Aggiungete una virgola dove necessario.

a. Wir sind nach Berlin gefahren um meine Tante zu besuchen.

b. Wir planen nach Indien zu reisen.

c. Ich werde früher aus dem Büro gehen um ihn abzuholen.

d. Ich freue mich mit der ganzen Familie eine Woche in Wien zu verbringen.

e. Er betrat den Raum ohne mich zu grüßen.

f. Anstatt ein Geschenk zu kaufen werde ich ihm Geld geben.

g. Es beginnt zu regnen.

Smettere, cessare, arrestare, fermarsi, ecc.

Esistono numerose possibilità per tradurre la fine o l'arresto di qcn. o qcs. Vediamone alcune:

- **aufhören** è il verbo più diffuso e traduce:

  - l'arresto/il cessare di un'attività in generale, un lavoro, gioco, ecc.: **Er hört nicht auf zu arbeiten.** *Non smette di lavorare.* / **Hör auf, deinen Bruder zu ärgern.** *Smettila di dare fastidio a tuo fratello.*

  - l'arresto improvviso di un evento, quale un fenomeno meteorologico, un suono, ecc.: **Es regnet, ohne aufzuhören.** *Piove senza sosta.* / **Das Geräusch hörte plötzlich auf.** *Il rumore è cessato improvvisamente.*

- **anhalten** si usa per indicare:

  - l'arresto volontario di un veicolo: **Ich kann nicht mitten auf der Autobahn anhalten.** *Non posso fermarmi in mezzo all'autostrada.*

- **stehen bleiben*** si usa per esprimere:

  - la sosta di un pedone: **Er blieb vor jedem Schaufenster stehen.** *Si è fermato / È rimasto fermo davanti a ogni vetrina.*

  - l'arresto involontario / il guasto di un meccanismo o di un veicolo: **Meine Uhr ist stehen geblieben.** *Mi si è fermato l'orologio.*

  - *fermarsi* riferito a una discussione o lezione: **Wo sind wir letztes Mal stehen geblieben?**

- **jn verhaften/festnehmen** significa *arrestare qcn.*: **Der Verbrecher wurde von der Polizei verhaftet/festgenommen.** *Il criminale è stato arrestato dalla polizia.*

*Coniugazione: **ich bleibe stehen – ich blieb stehen – ich bin stehen geblieben**

COSTRUZIONI INFINITIVE

9 Inserite il verbo mancante.

a. .... zu weinen.

b. Wir müssen an der nächsten Tankstelle ....

c. Als der Busfahrer das Kind sah, ... er ....

d. Der Motor machte ein komisches Geräusch und plötzlich ....
das Auto ....

e. Seit drei Tagen .... es nicht .... zu schneien.

10 Traducete le frasi qui sotto.

a. Smetto di giocare. ➜ ....
....

b. Fermati! Non riesco a camminare così veloce. ➜ ....
....

c. Fermati! È rosso. ➜ ....
....

d. Smettila di mangiare cioccolato. ➜ ....
....

e. La polizia arrestò il ladro **(Dieb)** mentre usciva dalla casa. **(aus dem Haus herauskommen)** ➜ ....
....

11 Unite ciascuna espressione alla sua traduzione.

1. zum Glück   •   • a. in parte
2. zum Wohl   •   • b. Alla salute!
3. zum Teil   •   • c. per l'ultima volta
4. zum verrückt werden   •   • d. da mettersi a urlare
5. zum Schreien   •   • e. per fortuna
6. zum letzten Mal   •   • f. da diventare pazzi

Bravi, avete appena concluso il capitolo 17! Contate le icone e riportate il risultato a pagina 128 per la valutazione finale.

Aggettivi e pronomi possessivi

Aggettivi e pronomi possessivi

Indicano a chi appartiene una cosa o una persona, ovvero chi ne è il proprietario.

- La desinenza dell'aggettivo possessivo si riferisce sempre alla persona o alla cosa che segue l'aggettivo stesso concordando nel caso, genere e numero: **ich → mein Vater, meine Mutter, mein Kind, meine Eltern**; **du → dein Vater, deine Mutter, dein Kind, deine Eltern**…

Attenzione alla terza persona singolare: **sein** indica che il proprietario è maschile (**Paul → sein Vater, seine Mutter, sein Kind, seine Eltern**) o neutro (**das Kind → sein Vater, seine Mutter, sein Buch, seine Eltern**); **ihr**, che è femminile (**Sabine → ihr Vater, ihre Mutter, ihr Kind, ihre Eltern**). Notate che gli esempi appena visti sono al nominativo e che **ihr** può anche riferirsi a più proprietari, ovvero alle terza persona plurale.

- I pronomi possessivi **meiner, deiner, seiner…** (*vedi tavola a pagina 121*) si declinano come gli articoli determinativi **der**, **die**, **das**. Come per gli aggettivi possessivi, anche le desinenze dei pronomi possessivi si riferiscono sempre al proprietario: **Mein Vater ist alt. → Meiner ist alt. / Meine Mutter ist alt. → Meine ist alt**, etc. La regola per la 3ª persona singolare (**seiner, ihrer…**) è la stessa che per **sein** e **ihr**.

1 **Inserite gli aggettivi possessivi al nominativo.**

a. ich → …………… Bruder
b. ihr → …………… Kinder
c. sie → …………… Vater
d. du → …………… Schwester
e. er → …………… Tochter
f. wir → …………… Kind

2 **Inserite gli aggettivi possessivi declinati.**

a. Der Junge spielt mit …………… Freunden.
b. Ich besuche …………… Freundin.
c. Sabine und ………… Kinder kommen morgen an.
d. Hast du …………… Klavierlehrerin angerufen?
e. Wie lange wart ihr bei …………… Großeltern?
f. Wir können …………… Tochter zum Bahnhof bringen.

AGGETTIVI E PRONOMI POSSESSIVI

3 Traducete le frasi qui sotto riferendovi a quanto indicato tra parentesi.

a. Sabine è a casa del suo ragazzo. *(il ragazzo di Sabine)* → ....

b. Anche Paul è a casa del suo ragazzo. *(il ragazzo di Sabine)* → ....

c. Paul chiama il suo amico. *(l'amico di Paul)* → ....

d. Paul chiama la sua ragazza. *(la ragazza di Paul)* → ....

e. Sabine chiama la sua amica. *(l'amica di Sabine)* → ....

f. Sabine chiama il suo amico. *(l'amico di Paul)* → ....

g. Sabine chiama la sua ragazza. *(la ragazza di Paul)* → ....

h. Anche Paul è a casa della sua amica. *(l'amica di Sabine)* → ....

4 Trasformate queste frasi secondo l'esempio.
Esempio: Das ist <u>mein Bruder</u>. → Das ist <u>meiner</u>.

a. Das ist seine Schwester. → Das ist ....

b. Das ist unser Sohn. → Das ist ....

c. Das sind eure Eltern. → Das sind ....

d. Das ist dein Kind. → Das ist ....

e. Das ist meine Frau. → Das ist ....

f. Das ist ihre Tochter. → Das ist ....

5 Completate le frasi inserendo il pronome possessivo come nell'esempio.
Esempio: Ich übernachte bei <u>meiner Tante</u>, und du bei <u>deiner</u>.

a. Er arbeitet mit seinem Lehrer, und sie mit ....

b. Ich mache es für meinen Sohn, und du für ....

c. Wir rufen unsere Eltern an, und ihr ....

d. Ich schreibe meiner Mutter, und Sie ....

e. Du bleibst bei deinem Bruder, und er bei ....

AGGETTIVI E PRONOMI POSSESSIVI

Tradurre *solo, soltanto, non... che*

A seconda del contesto si utilizzano **erst** o **nur** che, da soli, possono modificare il senso della frase:

- **erst quantitativo** indica una restrizione provvisoria che cambierà nel tempo:
  - **Er ist erst fünf Jahre alt.** *Non ha che cinque anni. (Ma crescerà.)*
  - **Ich habe erst zehn Seiten gelesen.** *Ho letto soltanto dieci pagine. (Ma ne leggerò di più.)*

- **nur quantitativo** indica una restrizione definitiva:
  - **Ich kann nur einen Tag bleiben.** *Posso restare solo un giorno. (E non di più.)*
  - **Ich habe nur zehn Seiten gelesen.** *Ho letto dieci pagine soltanto. (E non continuo.)*

Notate, per quest'ultimo esempio, la differenza di senso con: **Ich habe erst zehn Seiten gelesen** *(vedi sopra)*.

- **erst temporale** fa riferimento a un'aspettativa del locutore, ovvero esprime l'idea *"non prima di"*:
  - **Er kommt erst am Sonntag.** *Non arriva che domenica. (Ma lo si aspettava prima.)*

Notate l'espressione per indicare l'ora: **Es ist erst 10 Uhr.** *Non sono che le 10. / Sono solo le 10.*

6 *Erst o nur?*

a. Wir haben Zeit. Es ist .... 7 Uhr.

b. Ich brauche .... 5 Minuten bis zur Schule.

c. Bist du mit dem Buch fertig? – Nein, ich habe .... ein Kapitel gelesen.

d. Leider habe ich .... eine Woche Urlaub.

e. Sie war .... 17, als sie ihn heiratete.

f. Ich habe .... 5 Euro bei mir.

7 Spiegate la differenza di significato tra le seguenti frasi.

a. Wir sind erst 100 km gefahren. / Wir sind nur 100 km gefahren.
→ .... / ....

b. Er hat erst eine Seite geschrieben. / Er hat nur eine Seite geschrieben.
→ .... / ....

c. Er kommt erst morgen. / Er kommt nur morgen.
→ .... / ....

AGGETTIVI E PRONOMI POSSESSIVI

Tradurre *all'inizio, a metà, alla fine*

Der Anfang (*l'inizio*), **die Mitte** (*la metà*) e **das Ende** (*la fine*) hanno usi differenti a seconda della funzione svolta.

- Senza preposizione o articolo, nelle date, con i nomi di mesi e per indicare un'età approssimativa: **Wir sind Ende 2011 umgezogen. / Ich komme Mitte Juni. / Er ist Anfang fünfzig.**

- Con **am** o **in der** quando sono uniti a un complemento al genitivo: **am Anfang / in der Mitte / am Ende des Films**. Uniti a un complemento di tempo al genitivo, anche senza preposizione: **Dies geschah (am) Anfang / (in der) Mitte / (am) Ende des Jahres.**

- Senza complemento **Anfang/Ende** devono essere preceduti da **am**. Corrispondono alle espressioni italiane: *all'inizio...* e *alla fine...*: **Am Anfang war alles in Ordnung.**

- **Anfang, Mitte, Ende** possono combinarsi con preposizioni, tra cui: **gegen** (*verso*), **seit** (*da*), ecc.: **Seit Anfang des Sommers ist er arbeitslos. / Es war gegen Ende der neunziger Jahre.**

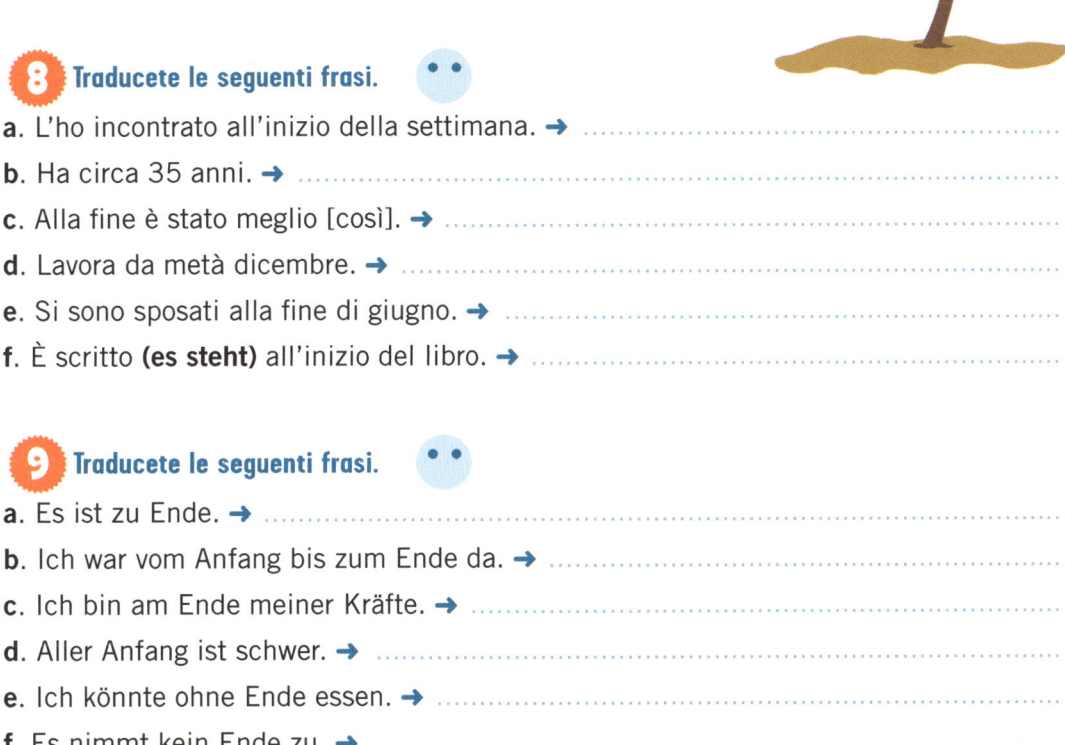

8 Traducete le seguenti frasi.

a. L'ho incontrato all'inizio della settimana. → ....
b. Ha circa 35 anni. → ....
c. Alla fine è stato meglio [così]. → ....
d. Lavora da metà dicembre. → ....
e. Si sono sposati alla fine di giugno. → ....
f. È scritto **(es steht)** all'inizio del libro. → ....

9 Traducete le seguenti frasi.

a. Es ist zu Ende. → ....
b. Ich war vom Anfang bis zum Ende da. → ....
c. Ich bin am Ende meiner Kräfte. → ....
d. Aller Anfang ist schwer. → ....
e. Ich könnte ohne Ende essen. → ....
f. Es nimmt kein Ende zu. → ....

AGGETTIVI E PRONOMI POSSESSIVI

I vocaboli della famiglia

Sicuramente conoscete già molti di questi termini. Altri, invece, potranno suonarvi nuovi. Vediamoli insieme!

Die Schwiegerfamilie è la *parentela acquisita*. La maggior parte dei termini che si riferiscono ai parenti acquisiti si costruiscono con il prefisso **Schwieger-** → **die Schwiegertochter** *la nuora*, ecc. Due di essi sono derivati → **der Schwager** *il cognato* e **die Schwägerin** *la cognata*.

Die Enkelkinder sono *i nipoti di nonno*, di cui **der Enkel(-)** *il nipote* e **die Enkelin(-nen)** *la nipote*. **Der Neffe(n)** è *il nipote di zio* **die Nichte(n)** *la nipote di zio*. Il prefisso **Ur-** significa *primo, antichissimo*: **die Urgroßeltern** *i bisnonni*.

10 Completate le frasi con i membri della famiglia indicati qui sotto:

die Schwiegereltern
der Onkel
die Schwägerin
der Enkel der Schwiegervater
die Tante der Schwager
DIE ENKELIN die Enkelkinder
die Schwiegermutter
der Kusin
der Neffe (x2) die Nichte
die Großeltern der Urgroβvater

a. Die Tochter meiner Schwester ist meine .... und ihr Sohn ist mein .... Der Sohn meines Bruders ist auch mein ....

b. Die Mutter meines Mannes ist meine .... und der Vater ist mein .... Beide sind meine ....

c. Mein Mann hat eine Schwester. Das ist meine .... Er hat auch einen Bruder. Das ist mein ....

d. Der Bruder meiner Mutter ist mein .... und die Schwester meiner Mutter ist meine ....

e. Der Bruder meiner Mutter hat eine Tochter und einen Sohn. Das sind meine .... und mein ....

f. Die Eltern meiner Mutter und meines Vater sind meine ....

g. Der Vater des Vaters meines Vaters ist mein ....

h. Meine Tochter ist die .... meiner Mutter und mein Sohn ist ihr ....

i. Meine Tochter hat 3 Kinder und mein Sohn 2, also habe ich 5 ....

AGGETTIVI E PRONOMI POSSESSIVI

I vocaboli del matrimonio

„Verliebt, verlobt, verheiratet." (*Innamorati, fidanzati, sposati*) è una tipica espressione tedesca. Forse sarebbe più attuale se aggiungessimo, cinicamente, **geschieden** (*divorziati*)? Ma prima di passare alle statistiche sulla vita matrimoniale, conoscete i termini **das Brautpaar, der Bräutigam, die Braut, das Brautkleid** e **der Ehering**? Inseriteli negli spazi vuoti qui a lato!

e. Hoch lebe das ....! *Viva gli sposi!*

II Completate le statistiche inserendo i termini nelle cornici.

a. 53% der Deutschen sind verheiratet. Männer .... im Schnitt (*in media*) mit 33,2 Jahren und Frauen mit 30,3 Jahren.

b. 27,7% der Frauen wünschen sich, dass der Mann einen .... macht.

c. In den letzten 50 Jahren hat sich die .... stark erhöht (*aumentare fortemente*). In den fünfziger Jahren gab es im Schnitt 8 .... für 1 Scheidung, heute lassen sich 40 bis 50% der Ehepaare scheiden. Meistens lassen sie sich nach 10 bis 15 Jahren .... scheiden.

die Liebe auf den ersten Blick (colpo di fulmine)
Hochzeiten (nozze)
heiraten (sposare)
ihr erstes Kind bekommen (avere il primo figlio)
die Scheidungsrate (tasso di divorzi)
der Heiratsantrag (domanda di matrimonio)
die Ehe (matrimonio)

d. In 53% der Familien lebt nur ein minderjähriges (*minore*) Kind, und die Frauen .... zwischen 28 und 29 Jahren. (im Schnitt)

e. Und nun eine wichtige Frage. Sind die Deutschen romantisch? Ja, denn 55% glauben an .... und 72% an die Liebe fürs Leben. Und Sie?

Bravi, avete appena concluso il capitolo 18! Contate le icone e riportate il risultato a pagina 128 per la valutazione finale.

19
Pronomi relativi

Declinazione e uso dei pronomi relativi (regola di base)

Il pronome relativo è identico all'articolo determinativo **der**, **die**, **das** tranne al dativo plurale e al genitivo singolare e plurale. Esso concorda per genere e numero con il sostantivo da cui dipende. La subordinata relativa dipende sempre da un sostantivo di cui fornisce informazioni senza le quali la frase risulta spesso incomprensibile. Generalmente le frasi relative vengono poste dopo il sostantivo cui si riferiscono, ovvero possono essere inserite in una proposizione secondaria, una costruzione infinitiva o un'altra frase relativa. Il pronome relativo può essere preceduto da una preposizione.

- Relative senza preposizione:

    – **Der Junge, der** bei uns wohnt, kommt aus Rom. / der Junge = maschile sing. e **nominativo** nella relativa → **der**

    – **Die Frau, der** du das Buch geschenkt hast, hat angerufen. / die Frau = femminile sing. e **dativo** nella relativa → **der**

- Relative con preposizione:

    – **Der Junge, mit dem** du im Kino warst, ist mein Freund. / der Junge = maschile sing. e **mit + dativo** nella relativa → **dem**

Attenzione: Dopo i nomi di città o paesi, si utilizzano obbligatoriamente i pronomi **wo** (stato in luogo), **wohin** (moto a luogo) e **woher** (moto da luogo): **Er arbeitet in Dresden, woher seine Familie kommt. / Er arbeitet in Dresden, wo auch ich gearbeitet habe.**

Il pronome relativo può essere usato dopo un nome di luogo comune preceduto dalla preposizione:

  – **Das ist das Restaurant, in dem wir gestern waren. Das ist das Restaurant, wo wir gestern waren.**

1 Completate le proposizioni relative.

a. Der Anzug, ... du gestern getragen hast, ist sehr schön.

b. Er möchte nach München, ... auch seine Geschwister studieren.

c. Kennst du den Jungen, in .... Sabine verliebt ist?

d. Die Leute, mit .... ich gesprochen habe, waren sehr freundlich.

e. Wer ist das Mädchen, ... gestern bei dir war?

PRONOMI RELATIVI

2 Riscrivete gli esempi con delle proposizioni relative introdotte da *wo*, *wohin* o *woher*.

a. Das Bett, in dem ich schlafe, ist nicht breit.
→ ....

b. Die Stadt, aus der ich komme, liegt im Norden.
→ ....

c. Das Restaurant, in das ich gehen wollte, hat zu.
→ ....

d. Das ist ein kleines Kino, in dem gute Filme laufen.
→ ....

Il pronome relativo al genitivo

Ha una forma particolare rispetto alla declinazione dell'articolo determinativo: **dessen** (prima di un sostantivo maschile e neutro singolare) e **deren** (prima di un sostantivo femminile e plurale). Il sostantivo dopo il pronome relativo è senza articolo, di conseguenza anche gli aggettivi che si riferiscono a questo seguono la declinazione senza articolo → **Dieser Junge, dessen Vater Sportlehrer ist, hat das Rennen gewonnen.** *Il ragazzo, il cui padre è insegnante di ginnastica, ha vinto la gara.*

3 Aggiungete il pronome relativo corrispondente al caso genitivo.

a. Sabine, ... Schwester du getroffen hast, spielt im Orchester.

b. Der Schrifsteller, ... Roman mir sehr gefallen hat, kommt heute in unsere Schule.

c. Die Kinder, ... Eltern kein Auto haben, können mit dem Bus fahren.

d. Peter, ... Vater als Übersetzer arbeitet, kann acht Sprachen.

4 Traducete le seguenti frasi.

a. Peter è uno studente di cui sono molto soddisfatta. **(zufrieden mit)**
→ ....

b. Conosci un attore il cui nome inizia per D? **(der Schauspieler)**
→ ....

c. È il film che ha vinto l'Oscar. **(der Oscar)**
→ ....

d. (Egli) Abita a Heidelberg dove ha lavorato per 5 anni. **(5 Jahre lang)**
→ ....

PRONOMI RELATIVI

Pronomi relativi *wer* e *was*

- Le frasi relative con **wer**, *chi, colui/colei*, e **was** *cosa/ciò che*, si riferiscono rispettivamente a persone e cose indefinite. Hanno la stessa forma dei pronomi interrogativi e non possono mai essere sostituiti dai pronomi dimostrativi **der**, **die**, **das**. Quando una frase relativa si riferisce all'intera affermazione della proposizione principale, questa viene introdotta da **was**. In generale **wer** e **was** introducono una subordinata; il verbo coniugato occupa pertanto l'ultima posizione.

  – **Wer zu viel Alkohol trinkt, wird nicht mit dem Auto zurückfahren können.** *Chi beve troppo alcol, non potrà ritornare in auto.*
  – **Was du gesehen hast, gefällt mir nicht.** *Quello che hai visto non mi piace.*

- **Was** si usa obbligatoriamente dopo gli indefiniti **alles** (*tutto*), **nichts** (*niente*), **vieles** (*molto*), **etwas** (*qualcosa*) e dopo il pronome relativo **das**: **Das ist alles, was ich habe. / Das ist nicht genau das, was ich brauche.**

- **Was** è obbligatorio dopo un superlativo, se questo è preceduto da una virgola:

  – **Das ist das Schönste, was ich gesehen habe.**
            1   2
  – Ma: **Das ist das schönste Bild, das ich gesehen habe.**
             1   2   3

5 Completate con *wer*, *was* o un pronome relativo.

a. .... er da gemacht hat, gefällt mir nicht.

b. .... gehen will, kann gehen.

c. Das ist etwas, ... ich nicht verstehe.

d. Das, ... du siehst, ist der Eiffelturm.

e. Das ist das billigste Hotel, ... ich gefunden habe.

f. .... nicht wagt *(osa/tenta)*, der gewinnt nicht.

g. Hast du alles, ... du brauchst?

Il pronome dimostrativo *der*, *die*, *das*

Si declinano come i pronomi relativi a seconda della funzione svolta all'interno della frase. Come in italiano servono a enfatizzare il sostantivo a cui si riferiscono, pertanto, parlando, vengono accentati: **Den habe ich schon irgendwo gesehen.** → *Lui, l'ho già visto da qualche parte.* / **Uta hat einen Rotwein gekauft; der schmeckt richtig gut.** → *Uta ha comprato un vino rosso che è davvero buono.*

PRONOMI RELATIVI

6 Completate le frasi con il pronome dimostrativo adeguato.

a. Heute kommt meine Freundin Susi. – .... kenne ich doch.

b. Unsere deutschen Freunde sind zu Besuch; .... haben wir heute Tivoli gezeigt.

c. Soll ich Peter zum Essen einladen? – Bitte nicht! .... mag ich überhaupt nicht.

d. Ich habe seinen letzten Roman gelesen; .... empfehle ich dir.

e. Unser Nachbar ist zum Glück ausgezogen. .... war so unfreundlich.

Tradurre *fare*

Il verbo *fare* ha svariate traduzioni in tedesco a seconda del significato che si vuole esprimere. Vediamone alcune:

- **machen** traduce *fare* nel senso di produrre, realizzare concretamente qcs.: **Sie hat ein neues Kleid gemacht.** *Ha fatto/confezionato un nuovo vestito.* **Die Kinder haben keine Lust, die Hausaufgaben zu machen.** *I bambini non hanno voglia di fare i compiti.*

- **tun** è sinonimo di **machen** *fare*, ma ha generalmente un significato più astratto: **Könntest du mir Bitte ein Gefallen tun?** *Potresti farmi un favore?* **Er tut nur seine Pflicht.** *Fa solo il proprio dovere.*

La differenza tra **machen** e **tun** è paragonabile a quella tra *to make* e *to do* in inglese.

- **etwas schaffen** significa *farcela* nel senso di *riuscire a fare qcs.*: **Heute schaffe ich es nicht, alles zu machen.** *Oggi non ce la faccio a fare tutto.* / **Hast du es geschafft?** *Ce l'hai fatta? / Ci sei riuscito?*

Attenzione a non confondere **schaffen-schaffte-geschafft** *(farcela/riuscire)* con **schaffen-schuf-geschaffen** *(creare)*: **Und Gott schuf die Welt.** *E Dio creò il mondo.*

7 Completate con le varianti del verbo tedesco *fare*.

a. Ich habe keine Zeit. Wann sollen wir das .... ?

b. Es ist zu spät. Da ist nichts zu ....

c. So etwas .... man nicht.

d. Der Arzt ist gleich da. Du .... es, Vanessa!

PRONOMI RELATIVI

8 Traducete le seguenti frasi.

a. Cavolo, non ho soldi. Cosa facciamo adesso? → ....

b. Ha troppo da fare. Non viene (con noi). → ....

c. Fantastico, ce l'hai fatta! → ....

d. Fa 10 euro. → ....

Vocabolario per il tempo, i mesi e le stagioni

Ecco alcune frasi utili per riferirsi al tempo meteorologico: **Wie ist das Wetter?** *Che tempo fa?* / **Habt ihr schönes Wetter?** *Avete bel tempo?* **Der Wetterbericht** è il *bollettino meteorologico*, **die Wettervorhersage** sono *le previsioni meteorologiche*, mentre **bei schechtem/schönem Wetter** traduce *in caso di cattivo/bel tempo*. Se vi interessa sapere che tempo fa in Austria a gennaio, ricordate che lì, *gennaio*, si dice **Jänner**. I tedeschi, invece, ricorrono a un termine leggermente diverso che vedremo negli esercizi che seguono.

9 Indicate il numero di frase/espressione corrispondente a ciascuna immagine. Alcune frasi/espressioni corrispondono a più immagini.

1. Die Sonne scheint.
2. Es ist kalt.
3. Es ist warm.
4. Es ist nebelig.
5. Es schneit.
6. Es ist windig.
7. Es regnet.
8. Es ist bewölkt.
9. Es ist vereist.
10. Es ist heiß.
11. Es gibt ein Gewitter.
12. Er macht ein Gesicht wie drei Tage Regenwetter.
13. Bei diesem Wetter jagt man keinen Hund vor die Tür. (*abbaiare davanti alla porta*)

a. n° .... b. n° .... c. n° .... d. n° ....

PRONOMI RELATIVI

10 Completate i sostantivi con gli articoli *der*, *die*, *das* e scrivetene accanto la traduzione.

a. ...... Hitze → ....
b. ...... Klima → ....
c. ...... Regen → ....
d. ...... Temperatur → ....
e. ...... Schnee → ....
f. ...... Glatteis → ....
g. ...... Hagel → ....
h. ...... Wind → ....
i. ...... Blitz → ....
j. ...... Wetter → ....
k. ...... Regenbogen → ....
l. ...... Donner → ....

11 Parole crociate: traducete.

↓ Verticale
3J luna
5F sole
6J aria
8D terra
10A pianeta

→ Orizzontale
6D stella
4G nuvola
1J cielo

	1	2	3	4	5	6	7	8	9	10
A										
B										
C										A
D								E		
E										
F										
G					W					
H										
I							N			
J	H									
K						U				
L										
M			D							

12 Completate i nomi dei mesi e delle stagioni con le lettere mancanti.

a. _ A _ U A _
b. _ E _ _ U A _
c. _ Ä _ _
d. A _ _ I _
e. _ A I
f. _ U _ I
g. _ U _ I
h. A U _ U _ _
i. _ E _ _ E _ _ E _
j. O _ _ O _ E _
k. _ O _ E _ _ E _
l. _ E _ E _ _ E _
m. F R _ H L _ N G
n. S _ M M _ R
o. H _ R B S T
p. W _ N T _ _

Bravi, avete appena concluso il capitolo 19! Contate le icone e riportate il risultato a pagina 128 per la valutazione finale.

20. La comparazione

Comparativo e superlativo

Tanto gli aggettivi attributivi quanto gli avverbi possono essere comparati al grado superiore (comparativo) e al massimo grado (superlativo), ovvero esprimere un confronto rispettivamente fra due o più termini.

- Quando la qualità espressa dall'aggettivo o avverbio è presente:
  - in misura uguale nei due termini di paragone, il comparativo è detto di uguaglianza e si costruisce come segue: **so + aggettivo attributivo/avverbio + wie... → Paul ist so groß wie ich.** *Paul è (tanto) alto quanto/come me... / Io e Paul siamo alti uguale.*
  - in misura maggiore rispetto al secondo termine di paragone, il comparativo è detto di maggioranza e si forma come segue: **aggettivo attributivo/avverbio + desinenza -er +** talvolta inflessione sulla vocale radicale **a, o** o **u**; *di* si traduce **als → Paul ist älter (als ich).** *Paul è più vecchio (di me).* Ovvero è indeclinabile. Nota: se il comparativo ha funzione attributiva, il comparativo si forma come segue: **aggettivo + -er- + desinenza dell'aggettivo → Ich nehme die kleinere Tasche.** *Prendo la borsa più piccola (sottinteso delle due).* Ovvero è declinabile.
  - al massimo o al minimo grado, l'aggettivo o avverbio prende la forma superlativa che si costruisce con **am + aggettivo attributivo/avverbio + desinenza -sten.** Gli aggettivi che aggiungono una dieresi al comparativo di maggioranza, l'aggiungono anche al superlativo **→ Am jüngsten (von allen) ist Paul./Paul ist am jüngsten (von allen).** *Paul è il più giovane (di tutti).* Nota: il superlativo con funzione attributiva si costruisce con l'**aggettivo + -st- + desinenza dell'aggettivo stesso → Ich nehme die kleinste Tasche.** *Prendo la borsa più piccola (di tutte le borse).*

klein	kleiner	am kleinsten
jung	jünger	am jüngsten
gern	lieber	am liebsten
gut	besser	am besten
hoch	höher	am höchsten
nah	näher	am nächsten
viel	mehr	am meisten

- Attenzione alle forme irregolari: **gern, gut, hoch, nah** e **viel.**

 Completate la tabella.

Comparativo di uguaglianza	Comparativo di maggioranza	Superlativo
.... wie ich.	.... als ich.	Paul ist am dicksten von allen.
Sabine ist so schlank wie ich.	.... als ich.	.... von allen.
.... wie ich.	Ana ist schneller als ich.	.... von allen.

LA COMPARAZIONE

2 Mettete gli aggettivi al comparativo di maggioranza o al superlativo.

a. Es gibt viele Modelle. Welches möchte er? – Er möchte das .... Modell. **(klein)**

b. Fahren wir mit dem Bus oder dem Zug? – Was ist ....? **(billig)**

c. Der Nil ist mit 6671 Km der .... Fluss der Welt. **(lang)**

d. Mit 828 Metern ist der Burj Khalifa der .... Turm der Welt. **(hoch)**

e. Es gibt einen Zug um 9 Uhr oder um 11 Uhr. Ich nehme den .... Zug. **(früh)**

f. Von uns allen hast du .... gegessen. **(viel)**

Particolarità fonetiche

- Gli aggettivi terminanti in **-el**, e alcuni terminanti in **-er** omettono la **e** al comparativo di maggioranza: **edel → edler** (*nobile*)…

- Gli aggettivi o avverbi terminanti in **-d**, **-t**, **-s**, **-ss**, **-ß**, **-z**, **-sch** aggiungono una **e** intercalare al grado superlativo: **breit → am breitesten**. Vi sono numerose eccezioni tra cui **groß** e **spannend** (*interessante/emozionante*): **am größten / am spannendsten**.

3 Mettete gli aggettivi al comparativo di uguaglianza o al superlativo.

a. Die Zugfahrt war .... als der Flug. **(teuer)**

b. Sabine ist die .... Schülerin der Klasse. **(hübsch)**

c. Du musst leider am .... fahren. **(weit)**

d. Ich nehme die .... Schuhe. **(dunkel)** *(scelta tra 2 paia)*

e. Mit 104 Jahren ist sie eine der .... Frauen der Welt. **(alt)**

f. Es ist einer der .... Weißweine. **(süß)**

LA COMPARAZIONE

gern, lieber, am liebsten

Unito al verbo, l'avverbio **gern** serve a specificare una preferenza, un gusto, un sentimento di affetto per qcn. o qcs.

- **jn/etw. gern / lieber / am liebsten + haben** significa *piacere qcn. o qcs. / piacere di più o preferire / preferire (in assoluto)*. Come in italiano, l'uso dell'avverbio al grado comparativo o superlativo dipende dal numero di elementi a confronto, ovvero due **(lieber)** o un numero indefinito **(am liebsten)**.

    → **Ich habe Susi gern.** *A me piace Susi.* / **Ich habe Ana lieber (als Susi).** *A me piace più/preferisco Ana (a Susi)* / **Am liebsten habe ich Paula.** *Io preferisco in assoluto Paula (di tutte e tre).*

- **gern/lieber/am liebsten + verbo diverso da haben**.

    → **Ich esse gern spät.** *Mi piace mangiare tardi* / **Ich trinke lieber Bier als Weißwein.** *Bevo più volentieri la birra che il vino bianco.* / **Aber am liebsten trinke ich Rotwein.** *Ma (più di tutto) preferisco il vino rosso.* (Preferenza tra più bevande).

Nota sulla sintassi:

- **am liebsten** è generalmente posto a inizio frase.

- il complemento oggetto è solitamente posposto a **gern** o **lieber** se questo è un sostantivo; è anteposto a **gern** o **lieber**, se è un pronome personale. Nel caso della costruzione **gern/lieber haben**, il complemento precede quasi sempre l'avverbio.

- **nicht** si colloca davanti a **gern** e **lieber**; rare sono le frasi negative con **am liebsten**→ **Ich trinke nicht gern Bier.**

4 Traducete le seguenti frasi.

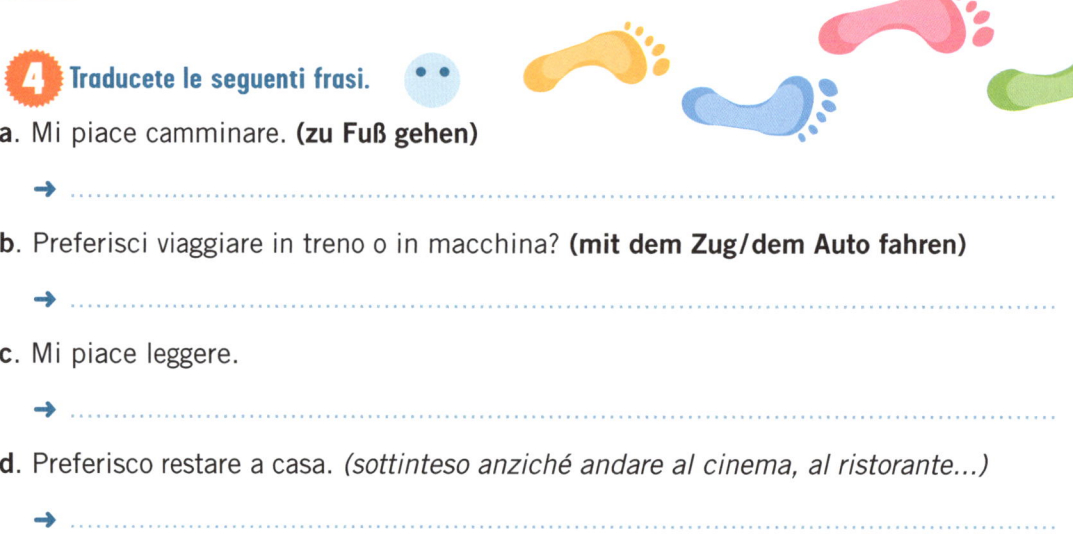

a. Mi piace camminare. **(zu Fuß gehen)**

    → ....

b. Preferisci viaggiare in treno o in macchina? **(mit dem Zug/dem Auto fahren)**

    → ....

c. Mi piace leggere.

    → ....

d. Preferisco restare a casa. *(sottinteso anziché andare al cinema, al ristorante...)*

    → ....

LA COMPARAZIONE

5 *Gern, lieber o am liebsten?*

a. Ich habe Kino .... als Theater, aber .... habe ich Ballett.

b. Hast du Fußball ....?

c. Welches Land in Europa hast du ....?

d. Was hast du ....? Tee oder Kaffee?

6 *Parole crociate sull'amore.*

↓ Verticale
1D amato, apprezzato
3C piacere (verbo)
5F amore
7A odiare

→ Orizzontale
1F tesoro (vezzeggiativo)
3J amare
5A tesoro

	1	2	3	4	5	6	7	8	9	10
A					S					Z
B							A			
C										
D	B									
E										
F	L							G		
G										
H										
I										
J	T									

Tradurre *Più… più… / Meno… meno…*

Je mehr…, desto/um so mehr… significa *più…, più…*

Je weniger…, desto/um so weniger… significa *meno…, meno…*

Entrambe le locuzioni possono essere usate con o senza un sostantivo → **Je mehr ich esse, desto/um so mehr möchte ich essen. / Je mehr Schokolade er isst, desto/um so weniger Schokolade haben wir**.

Attenti alla sintassi: nella prima parte della frase, il verbo coniugato occupa l'ultimo posto; nella 2ª parte il verbo si posiziona subito dopo **desto/um so mehr** o **weniger** (+ sostantivo).

---

7 *Completate le frasi con* **mehr** *o* **weniger**.

a. Je mehr du arbeitest, desto/um so .... Zeit hast du.

b. Je mehr Leute du einlädst, desto/um so .... musst du kochen.

c. Je .... Geld du verdienst, um so mehr gibst du aus.

d. Je mehr du heute arbeitest, desto/um so .... musst du morgen arbeiten.

LA COMPARAZIONE

Tradurre *quale/i, che tipo di…?*

Was für ein(e)…? al singolare, **was für…?** al plurale; **ein(e)** si declina come l'articolo indeterminativo. Attenzione: in questa locuzione **für** non funge da preposizione; il caso del gruppo nominale che segue **was für** dipende dalla funzione che svolge all'interno della frase e non da quello di **für** che generalmente regge l'accusativo:

– **Was für ein Wagen ist das?** → il gruppo nominale è soggetto, dunque si declina al nominativo maschile poiché **Wagen** è un sostantivo maschile.

– **Mit was für einem Wagen seid ihr gefahren?** → **mit** introduce un gruppo nominale al dativo, in questo caso maschile.

– **Was für Wagen sind das? / Mit was für Wagen seid ihr gefahren?** → sono gli stessi esempi, ma al plurale.

8 Costruite le domande con *was für…* come segue:

Esempio: Ich habe alte Filme gern.
→ Was für Filme hast du gern?

a. Ich habe ein kleines Auto.
→ ....

b. Ich lese gern Geschichtsbücher.
→ ....

c. Ich bin mit einer kleinen Maschine geflogen.
→ ....

d. Ich gehe lieber in ein typisches Restaurant.
→ ....

Tradurre *quale… ? / quali… ?*

- l'aggettivo o pronome interrogativo **welch-** si riferisce a una persona o cosa determinata, quando la scelta è tra più persone o cose: **Es gibt zwei Computer. Welchen Computer möchtest du?** *Quale computer vorresti?*; **Welchen möchtest du?** *Quale vorresti?*
Si declina come l'articolo determinativo *(vedi pagina 121)*.

Come in italiano, **welch-** può essere preceduto da una preposizione: **Mit welchem Computer arbeitest du? / Mit welchem arbeitest du?** *Con quale computer lavori? / Con quale lavori?*

Welch- è usato raramente al genitivo.

9 Formate le domande corrispondenti con *welch-* secondo l'esempio.
Esempio: Ich kenne den jüngeren Sohn → Welchen (Sohn) kennst du?

a. Ich nehme meistens die Linie 5. → ....

b. Ich war auf der deutschen Schule. → ....

c. Ich lese oft die Süddeutsche Zeitung. → ....

d. Ich gehe oft zum Bäcker in der Wilhelmstraße. → ....

LA COMPARAZIONE

10 Traducete le seguenti frasi.

a. Per quale giornale lavori? → ....
b. Con quale professore studi tedesco? → ....
c. In quale ditta lavora (lui)? **(die Firma)** → ....
d. Non so quale treno abbia preso. → ....
e. Quali libri sono per me? → ....

Dopo aver ripassato il comparativo e il superlativo, ecco l'occasione per rivedere insieme alcuni aggettivi.

11 Qual è il contrario di:

schnell – sauer – böse – trocken – glücklich – dick – leicht – leise

a. lieb ≠ ....
b. langsam ≠ ....
c. schlank ≠ ....
d. nass ≠ ....
e. laut ≠ ....
f. süß ≠ ....
g. traurig ≠ ....
h. schwer ≠ ....

12 Quali aggettivi si nascondono dietro questi sostantivi?

a. die Gesundheit / die Krankheit
→ ....

b. die Stärke / die Schwäche
→ ....

c. der Fleiß / die Faulheit
→ ....

d. die Intelligenz / die Dummheit
→ ....

Bravi, avete appena concluso il capitolo 20! Contate le icone e riportate il risultato a pagina 128 per la valutazione finale.

Numeri ordinali e cardinali

Numeri cardinali

0 null	21 einundzwanzig
1 eins	22 zweiundzwanzig
2 zwei	...
3 drei	30 dreißig
4 vier	40 vierzig
5 fünf	50 fünfzig
6 sechs	60 sechzig
7 sieben	70 siebzig
8 acht	80 achtzig
9 neun	90 neunzig
10 zehn	100 (ein)hundert
11 elf	101 einhunderteins
12 zwölf	200 zweihundert
13 dreizehn	350 dreihundertfünfzig
14 vierzehn	1 000 (ein)tausend
15 fünfzehn	1 500 tausendfünfhundert
16 sechzehn	10 000 zehntausend
17 siebzehn	100 000 hunderttausend
18 achtzehn	1 000 000 eine Million
19 neunzehn	1 000 100 000 eine Milliard hunderttausend
20 zwanzig	

Parlando o leggendo si indica prima l'unità e poi la decina. *Virgola* si dice **Komma**. Fino a 999 999 i numeri si scrivono in una sola parola.

Numeri ordinali

- Da 1 a 19: **numero + -t- + desinenza dell'aggettivo** → 2. = der zweite; 4. = der vierte; 19. = der neunzehnte. Ci sono tuttavia alcune eccezioni → der erste (1.), der dritte (3.), der siebte (7.) e der achte (8.)

- A partire dal 20: **numero + -st- + desinenza dell'aggettivo** → der zwanzigste; der fünfundvierzigste; der tausendste...

Attenzione: per le date, i secoli e i titoli (re, papa...), si possono utilizzare anche i numeri ordinali → Ludwig XIV. = Ludwig der Vierzehnte.

1 Scrivete queste cifre in lettere.

a. 17,25
→ ....
b. 860
→ ....
c. 1.400 000
→ ....

2 Scrivete i numeri in lettere.

a. zum 10. Mal
→ ....
b. im 21. Jahrhundert
→ ....
c. Papst Paul VI.
→ ....

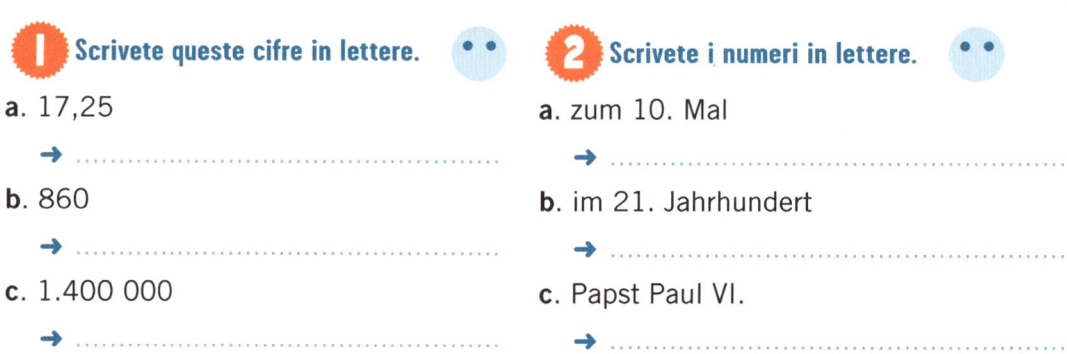

NUMERI ORDINALI E CARDINALI

La data

- Esistono diverse espressioni per chiedere **das Datum** (*la data*). Tutte reggono sia il nominativo che l'accusativo, ma si costruiscono esclusivamente con i numeri ordinali: **Welcher Tag/Der Wievielte ist heute? Heute ist Montag, der 2. Mai. / Welchen Tag/Den Wievielten haben wir heute? Heute haben wir Montag, den 2. Mai.**
- Per precisare la data di un evento si utilizza la preposizione: **Wann/Am Wievielten ist er geboren? Er ist am 3. Mai geboren.** E per precisare il giorno si usa invece la preposizione **am** seguita dall'articolo **den** o **dem** (entrambe le forme sono grammaticalmente corrette): **Er ist am Montag, den/dem 3. Mai geboren.**
- Per indicare il mese o la stagione, si utilizza la preposizione **im**: **Es war im Juli/im Sommer.**
- Per indicare l'anno, si usa il numerale senza alcuna aggiunta (articolo, preposizione, ecc): **zweitausendzwölf**, o si antepone la locuzione **im Jahr(e)**: **im Jahr(e) 2012** sebbene l'anglicismo **in 2012** sia oggi più diffuso.
- Per le festività, si usa sia la preposizione **an** che la preposizione **zu**: **Wo seid ihr an/zu Ostern?**

3 Completate i giorni della settimana.

a. M . . . . .

b. D _ _ _ _ _ _ _

c. M _ _ _ _ _ _

d. D _ _ _ _ _ _ _ _

e. F _ _ _ _ _ _

f. S _ _ _ _ _ _

g. S _ _ _ _ _ _

4 Per ciascuna risposta riportate in lettere la data indicata tra parentesi.

a. Wann bist du angekommen? **(16. Juli)**

→ ....

b. Was für ein Datum ist heute? **(29. Februar)**

→ ....

c. Wann warst du in Berlin? **(Mai 2012)**

→ ....

d. Wann haben sie geheiratet? **(Samstag, 15. Mai)**

→ ....

e. Wann fahrt ihr weg? **(Weihnachten)**

→ ....

Bravi, avete appena concluso il capitolo 21! Contate le icone e riportate il risultato a pagina 128 per la valutazione finale.

Tavole di coniugazione

Ausiliari, verbi deboli e forti

		INDICATIVO								IMPERATIVO	
		Presente		Präteritum		Passato prossimo		Futuro		Imperativo	
S E I N		bin bist ist	sind seid sind	war warst war	waren wart waren	bin gewesen bist gewesen ist gewesen	sind gewesen seid gewesen sind gewesen	werde sein wirst sein wird sein	werden sein werdet sein werden sein	sei! seien wir!	seid! seien Sie!
H A B E N		habe hast hat	haben habt haben	hatte hattest hatte	hatten hattet hatten	habe gehabt hast gehabt hat gehabt	haben gehabt habt gehabt haben gehabt	werde haben wirst haben wird haben	werden haben werdet haben werden haben	hab(e)! haben wir!	habt! haben Sie!
W E R D E N		werde wirst wird	werden werdet werden	wurde wurdest wurde	wurden wurdet wurden	bin geworden bist geworden ist geworden	sind geworden seid geworden sind geworden	werde werden wirst werden wird werden	werden werden werdet werden werden werden	werde! werden wir!	werdet! werden Sie!
L E R N E N		lerne lernst lernt	lernen lernt lernen	lernte lerntest lernte	lernten lerntet lernten	habe gelernt hast gelernt hat gelernt	haben gelernt habt gelernt haben gelernt	werde lernen wirst lernen wird lernen	werden lernen werdet lernen werden lernen	lern(e)! lernen wir!	lernt! lernen Sie!
F A H R E N		fahre fährst fährt	fahren fahrt fahren	fuhr fuhrst fuhr	fuhren fuhrt fuhren	bin gefahren bist gefahren ist gefahren	sind gefahren seid gefahren sind gefahren	werde fahren wirst fahren wird fahren	werden fahren werdet fahren werden fahren	fahr(e)! fahren wir!	fahrt! fahren Sie!

Presente dei verbi modali

mögen		können		müssen		dürfen		wollen		sollen		wissen	
mag	mögen	kann	können	muss	müssen	darf	dürfen	will	wollen	soll	sollen	weiß	wissen
magst	mögt	kannst	könnt	musst	müsst	darfst	dürft	willst	wollt	sollst	sollt	weißt	wisst
mag	mögen	kann	können	muss	müssen	darf	dürfen	will	wollen	soll	sollen	weiß	wissen

Präteritum dei verbi modali

mögen		können		müssen		dürfen		wollen		sollen		wissen	
mochte	mochten	konnte	konnten	musste	mussten	durfte	durften	wollte	wollten	sollte	sollten	wusste	wussten
mochtest	mochtet	konntest	konntet	musstest	musstet	durftest	durftet	wolltest	wolltet	solltest	solltet	wusstest	wusstet
mochte	mochten	konnte	konnten	musste	mussten	durfte	durften	wollte	wollten	sollte	sollten	wusste	wussten

Perfekt dei verbi modali

mögen	können	müssen	dürfen	wollen	sollen	wissen
gemocht	gekonnt	gemusst	gedurft	gewollt	gesollt	gewusst

TAVOLE DI CONIUGAZIONE

Präteritum dei verbi deboli irregolari

bringen	brennen	denken	kennen	nennen	rennen	senden	wenden
brachte	brannte	dachte	kannte	nannte	rannte	sandte/sendete	wandte/wendete

Perfekt dei verbi deboli irregolari

bringen	brennen	denken	kennen	nennen	senden	wenden
gebracht	gebrannt	gedacht	gekannt	genannt	gesandt/gesendet	gewandt/gewendet

CONGIUNTIVO

Congiuntivo ipotetico (forma composta)

kommen	
würde kommen	würden kommen
würdest kommen	würdet kommen
würde kommen	würden kommen

Congiuntivo irreale

kommen	lernen
wäre gekommen	hätte gelernt
wärst gekommen	hättest gelernt
wäre gekommen	hätte gelernt
wären gekommen	hätten gelernt
wärt gekommen	hättet gelernt
wären gekommen	hätten gelernt

Congiuntivo ipotetico (forma semplice)

sein		haben		mögen		können		müssen	
wäre	wären	hätte	hätten	möchte	möchten	könnte	könnten	müsste	müssten
wärst	wärt	hättest	hättet	möchtest	möchtet	könntest	könntet	müsstest	müsstet
wäre	wären	hätte	hätten	möchte	möchten	könnte	könnten	müsste	müssten

dürfen		wollen		sollen		wissen	
dürfte	dürften	wollte	wollten	sollte	sollten	wüsste	wüssten
dürftest	dürftet	wolltest	wolltet	solltest	solltet	wüsstest	wüsstet
dürfte	dürften	wollte	wollten	sollte	sollten	wüsste	wüssten

PASSIVO

	Presente	Präteritum	Perfekt
einladen	werde eingeladen wirst eingeladen wird eingeladen werden eingeladen werdet eingeladen werden eingeladen	wurde eingeladen wurdest eingeladen wurde eingeladen wurden eingeladen wurdet eingeladen wurden eingeladen	bin eingeladen worden bist eingeladen worden ist eingeladen worden sind eingeladen worden seid eingeladen worden sind eingeladen worden

Tavole di declinazione

Declinazione debole (tipo I): con articolo determinativo e aggettivi dimostrativi

	Maschile	Femminile	Neutro	Plurale
Nominativo	der / dieser gute Wein	die / diese gute Limonade	das / dieses gute Bier	die / diese guten Weine
Accusativo	den / diesen guten Wein	die / diese gute Limonade	das / dieses gute Bier	die / diese guten Weine
Dativo	dem / diesem guten Wein	der / dieser guten Limonade	dem / diesem guten Bier	den / diesen guten Weinen
Genitivo	des / dieses guten Weins	der / dieser guten Limonade	des / dieses guten Biers	der / dieser guten Weine

Declinazione forte (tipo II): senza articolo

	Maschile	Femminile	Neutro	Plurale
Nominativo	guter Wein	gute Limonade	gutes Bier	gute Weine
Accusativo	guten Wein	gute Limonade	gutes Bier	gute Weine
Dativo	gutem Wein	guter Limonade	gutem Bier	guten Weinen
Genitivo	guten Weins	guter Limonade	guten Biers	guter Weine

Declinazione mista (tipo III): con articolo indeterminativo e aggettivo possessivo

	Maschile	Femminile	Neutro	Plurale
Nominativo	ein / mein guter Wein	eine / meine gute Limonade	ein / mein gutes Bier	— * / meine guten Weine
Accusativo	einen / meinen guten Wein	eine / meine gute Limonade	ein / mein gutes Bier	— * / meine guten Weine
Dativo	einem / meinem guten Wein	einer / meiner guten Limonade	einem / meinem guten Bier	— * / meinen guten Weinen
Genitivo	eines / meines guten Weins	einer / meiner guten Limonade	eines / meines guten Biers	— * / meiner guten Weine

*Il plurale di **ein guter Wein/eine gute Limonade...** corrisponde alla declinazione forte (tipo II): **gute Weine, gute Limonade...**

Pronomi personali

Nominativo	ich	du	er	sie	es	wir	ihr	sie	Sie
Accusativo	mich	dich	ihn	sie	es	uns	euch	sie	Sie
Dativo	mir	dir	ihm	ihr	ihm	uns	euch	ihnen	Ihnen

TAVOLE DI DECLINAZIONE

Pronomi riflessivi

Nominativo	ich	du	er	sie	es	wir	ihr	sie	Sie
Accusativo	mich	dich	sich	sich	sich	uns	euch	sich	sich
Dativo	mir	dir	sich	sich	sich	uns	euch	sich	sich

Aggettivi possessivi

	Maschile	Femminile	Neutro	Plurale
1ª pers. sing.	mein	meine	mein	meine
2ª pers. sing.	dein	deine	dein	deine
3ª pers. sing. (possessore masch./neutro)	sein	seine	sein	seine
3ª pers. sing. (possessore femm.)	ihr	ihre	ihr	ihre
1ª pers. plur.	unser	unsere	unser	unsere
2ª pers. plur.	euer	eure	euer	eure
3ª pers. plur.	ihr	ihre	ihr	ihre
Forma di cortesia	Ihr	Ihre	Ihr	Ihre

Pronomi possessivi

	Maschile	Femminile	Neutro	Plurale
1ª pers. sing.	meiner	meine	mein(e)s	meine
2ª pers. sing.	deiner	deine	dein(e)s	deine
3ª pers. sing. (possessore masch./neutro)	seiner	seine	sein(e)s	seine
3ª pers. sing. (possessore femminile)	ihrer	ihre	ihr(e)s	ihre
1ª pers. plur.	uns(e)rer	uns(e)re	uns(e)res	uns(e)re
2ª pers. plur.	eu(e)rer	eu(e)re	eu(e)res	eu(e)re
3ª pers. plur.	ihrer	ihre	ihres	ihre
Forma di cortesia	Ihrer	Ihre	Ihres	Ihre

Pronomi e aggettivi interrogativi

	Chi?	(Che) cosa?	Maschile	Femminile	Neutro	Plurale
Nominativo	wer	was	welcher	welche	welches	welche
Accusativo	wen	was	welchen	welche	welches	welche
Dativo	wem	— *	welchem	welcher	welchem	welchen
Genitivo	wessen	— *	—	—	—	—

* **Was** ricorre al nominativo e all'accusativo. In tutti gli alti casi si utilizza **wo(r) + preposizione**.

Pronomi indefiniti

	Maschile	Femminile	Neutro	Plurale
Nominativo	einer / keiner	eine / keine	ein(e)*s / kein(e)*s	– / keine
Accusativo	einen / keinen	eine / keine	ein(e)*s / kein(e)*s	– / keine
Dativo	einem / keinem	einer / keiner	einem / keinem	– / keinen

Pronomi relativi

	Maschile	Femminile	Neutro	Plurale
Nominativo	der	die	das	die
Accusativo	den	die	das	die
Dativo	dem	der	dem	denen
Genitivo	dessen	deren	dessen	deren

* (e) = è facoltativa; nella maggior parte dei casi è omessa.

1. Presente indicativo

1 **wohnen:** wohne, wohnst, wohnt, wohnen, wohnt, wohnen. **beginnen:** beginne, beginnst, beginnt, beginnen, beginnt, beginnen. **fragen:** frage, fragst, fragt, fragen, fragt, fragen. **fahren:** fahre, fährst, fährt, fahren, fahrt, fahren. **laufen:** laufe, läufst, läuft, laufen, lauft, laufen. **nehmen:** nehme, nimmst, nimmt, nehmen, nehmt, nehmen.

2 a. (F) er sieht. b. (D). c. (F) er schläft. d. (F) er fällt. e. (D). f. (D). g. (D). h. (F) er trifft.

3 1ª **riga:** bin, bist, ist, sind, seid, sind. 2ª **riga:** habe, hast, hat, haben, habt, haben. 3ª **riga:** werde, wirst, wird, werden, werdet, werden.

4 a. finde. b. lesen. c. bitte. d. spricht. e. grüßt. f. empfiehlst.

5 a. sprechen → er/sie/es spricht. b. schreiben → er/sie/es schreibt. c. trinken → er/sie/es trinkt. d. lieben → er/sie/es liebt. e. fliegen → er/sie/es fliegt. f. reparieren → er/sie/es repariert.

6 **baden:** bade, badest, badet, baden, badet, baden. **reisen:** reise, reist, reist, reisen, reist, reisen. **wechseln:** wechs(e)le, wechselst, wechselt, wechseln, wechselt, wechseln.

7 a. ihr antwortet. b. er/sie/es zeichnet. c. sie verändern. d. du liest.

8 a. Haben Sie Zeit? b. Habt ihr Zeit? c. Haben sie Zeit? d. Sie haben Zeit.

9 1ª **riga:** Hallo, wer seid ihr? / Guten Tag, wer sind Sie? 2ª **riga:** Wie heißt ihr? – Paul und Sabine, und ihr? / Wie heißen Sie? – Paul (und Sabine), und Sie? 3ª **riga:** Woher kommt ihr? / Woher kommen Sie? 4ª **riga:** Wo wohnt ihr? / Wo wohnen Sie? 5ª **riga:** Wie lange seid ihr schon in Berlin? / Wie lange sind Sie schon in Berlin? 6ª **riga:** Schön, dass ihr gekommen seid. / Schön, dass Sie gekommen sind. 7ª **riga:** Tschüss! / Auf Wiedersehen!

10 a. bald. b. morgen. c. später. d. Nacht. e. gleich.

11 a. Und ihr? b. Mich auch! c. Dir nicht! d. Du auch! e. Und Ihnen?

2. Imperativo

1 a. Kommt! b. Sing(e) nicht zu laut! c. Rufen wir an! d. Lest das Buch! e. Gehen wir spazieren! f. Bleiben Sie da! g. Kommt mit! h. Kauf(e) Blumen!

2 a. Sei bitte pünktlich! b. Seien wir ehrlich! c. Seid nett zu ihr! d. Seien Sie nicht traurig! e. Sei vorsichtig!

3 1f – 2e – 3c – 4d – 5b – 6a – 7g

4 1b (aus). 2e (rückwärts). 3d (runter). 4a (weniger). 5c (zu)

5 1ª **riga:** Arbeite schneller! 2ª **riga:** Verändert nichts! 3ª **riga:** Badet nicht jetzt! 4ª **riga:** Ärgere mich nicht! 5ª **riga:** Wechs(e)le 100 Euros! 6ª **riga:** Ladet ihn ein!

6 a. Find(e) / Findet. b. Schreib(e) / Schreibt. c. Lass(e) / Lasst. d. Schneid(e) / Schneidet. e. Steig(e) / Steigt. f. Hab(e) / Habt.

7 1g – 2a – 3f – 4b – 5d – 6e – 7c.

8 1g – 2a – 3b – 4f – 5c – 6d – 7e.

9 a. RUHE! b. ACHTUNG! c. RAUS! d. LOS!

10 a. Wald. b. Baum. c. Blatt. d. Blume. e. Meer. f. la spiaggia. g. Sand. h. l'onda. i. Berg. j. il ruscello. k. l'erba. l. la pietra. m. la fattoria. n. Tier. o. la stalla. p. il campo.

11 1c – 2f – 3e – 4b – 5a – 6d.

12 a. der Löwe. b. die Katze. c. das Schwein. d. das Schaf. e. der Schmetterling. f. die Mücke. g. der Vogel. h. die Maus. i. die Kuh. j. der Wolf. k. die Giraffe. l. die Ameise. m. das Pferd. n. der Hase. o. der Fisch. p. die Biene. q. die Spinne. r. die Wespe.

13 a. bellen. b. miauen. c. schwimmen. d. fliegen. e. brüllen. f. stechen.

14 a. Avere un rospo in gola. b. Avere una fame da lupi. c. Essere conosciuto da tutti e dappertutto. d. Predere due piccioni con una fava.

3. Perfekt

1 a. gesucht. b. gekauft. c. gepackt. d. geduscht. e. gehört.

2 a. gesehen. b. getrunken. c. gefunden. d. gelaufen. e. genommen. f. springen. g. helfen. h. essen. i. bleiben. j. gehen.

3 a. telefoniert. b. abgeschickt. c. eingeladen. d. angekommen. e. versucht. f. gehört. g. verboten. h. repariert.

4 a. habe. b. sind. c. haben. d. seid. e. hat. f. hat.

5 a. Er hat viel getrunken. b. Er ist schnell gelaufen. c. Er hat sich gewaschen. d. Es hat geschneit. e. Er ist bei mir gewesen. f. Er ist gekommen.

6 a. Ich habe kein neues Auto. b. Sie ist nicht zu schnell gefahren. c. Ich habe keine Arbeit. d. Ich liebe dich nicht. e. Das ist kein Gold. f. Ich denke nicht an die Arbeit.

7 1g – 2e – 3f – 4a – 5d – 6b – 7c.

8 geboren / gemacht / gegangen / gelernt / gegeben / gewesen / studiert / gemacht / kennen gelernt.

9 1. Schmitt. 2. Robert. 3. 5.09.1982. 4. Köln. 5. deutsch. 6. verheiratet. 7. Medizin. 8. Kinderarzt. 9. Deutsch, Englisch, Spanisch, Portugiesisch. 10. Sprachen, Reisen.

10 a. colore degli occhi. b. sesso. c. data di scadenza. d. residenza. e. firma del titolare. f. altezza.

11

T	M	A	L	E	N	P	S
U	U	T	O	A	O	F	P
K	S	A	K	S	T	G	O
M	I	N	O	H	E	V	R
B	K	Z	C	I	S	E	T
V	U	E	H	U	A	S	E
O	K	N	E	K	L	A	R
I	S	I	N	G	E	N	U
H	C	E	R	I	S	U	T
R	H	H	S	M	E	I	D
E	A	N	K	I	N	O	D
B	C	M	V	L	H	O	S
B	H	L	M	K	U	L	V

musica: Musik
dipingere/pitturare: malen
sport: Sport
cucinare: kochen
cinema: Kino
ballare: tanzen
scacchi: Schach
cantare: singen
leggere: lesen

4. Präteritum

1 1ª **riga:** baute, bautest, baute, bauten, bautet, bauten. 2ª **riga:** sagte, sagtest, sagte, sagten, sagtet, sagten.

2 1ª **riga:** lief, liefst, lief, liefen, lieft, liefen. 2ª **riga:** log, logst, log, logen, logt, logen.

3 **Infinito:** tragen, helfen, schreiben, geben. 1ª **pers. sing.:** nahm, ging, las, flog.

4 1ª **riga:** war, warst, war, waren, wart, waren. 2ª **riga:** hatte, hattest, hatte, hatten, hattet, hatten. 3ª **riga:** wurde, wurdest, wurde, wurden, wurdet, wurden.

5 a. fandet. b. zeichnetest. c. last. d. redeten.

SOLUZIONI

6 a. landen → atterrare. b. beten → pregare. c. raten → consigliare. d. (sich) streiten → litigare. e. bitten → pregare, chiedere. f. empfinden → sentire, provare.

7 a. kennt. b. brennt. c. nennen. d. rennt. e. denke.

8 a. brannte → gebrannt. b. brachte → gebracht. c. dachte → gedacht. d. kannte → gekannt. e. nannte → genannt.

9 a. Wenn. b. wenn. c. wann. d. Als.

10 a. Quando è nato. b. Quando compì 20 anni. c. Quando ha fatto la maturità. d. Quando si è sposato. e. Quando è nato il suo primo figlio. f. Quando è morto.

11 a. Viertel vor sechs / fünf Uhr fünfundvierzig. b. zehn nach acht / acht Uhr zehn. c. halb drei / vierzehn Uhr dreißig. d. Viertel nach fünf / siebzehn Uhr fünfzehn. e. fünf nach acht / acht Uhr fünf. f. zehn nach drei / fünfzehn Uhr zehn.

12 a. um. b. gegen. c. am. d. am. e. am. f. am. g. am. h. in der. i. Um wie viel Uhr?

13 a. heute Abend. b. morgen Nachmittag. c. gestern Morgen. d. heute Nachmittag.

14 [cruciverba: WECKER, WACH, SEKUNDE, STUNDE, EINSCHLAFEN, ecc.]

5. Futuro

1 a. Du wirst nach Berlin fliegen. b. Wir werden dir helfen. c. Er wird anrufen. d. Sie werden einen Brief bekommen.

2 a. Morgen schreibt sie dir eine Mail. b. Am Dienstag machen sie das. c. Am Wochenende schneit es.

3 a. hell / dunkel. b. Elektriker. c. spät. d. Zeit. e. gelb.

4 a. Vor dem Essen gehe ich ins Schwimmbad. b. corretto. c. Wenn der Film bis 22 Uhr dauert, gehe ich lieber davor etwas essen. d. Essen wir vor oder nach dem Film?

5 a. gemacht habe. b. gelebt hatte. c. ging. d. putze.

6 a. artigiano. b. poliziotto. c. avvocato. d. informatico. e. pompiere. f. giardiniere. g. attore. h. meccanico. i. medico. j. infermiera. k. parrucchiere. l. assicuratore.

7 a. die Köchin. b. die Sängerin. c. die Musikerin. d. die Bäckerin. e. die Verkäuferin. f. die Tänzerin. g. die Lehrerin. h. die Putzfrau.

8 a. Arzt / Krankenschwester. b. Lehrer. c. Musiker. d. Koch. e. Mechaniker, Handwerker. f. Rechtsanwalt. g. Arzt / Krankenschwester. h. Verkäufer. i. Bäcker. j. Fischer.

9 a. Domani è un altro giorno. / Si può continuare domani. b. Domani è la canzone dell'ozioso. / Non rimandare a domani ciò che puoi fare oggi (contrario). c. Il mattino ha l'oro in bocca.

6. Konjunktiv II

1 a. ich würde schlafen. b. er würde lernen. c. ihr würdet gehen. d. du würdest anrufen. e. wir würden lesen. f. Sie würden warten.

2 a. wir wüssten. b. du könntest. c. ihr wolltet. d. sie wären. e. du dürftest. f. er müsste. g. ihr wüsstet. h. ich wäre. i. Sie hätten.

3 a. ich wäre gekommen. b. wir wären geblieben. c. du hättest gesagt. d. ihr hättet gefragt. e. er hätte geschrieben. f. Sie wären gegangen.

4 a. hätte. b. gewesen wären. c. hast. d. geregnet hätte. e. könnte. f. lieben würdest.

5 1d – 2e – 3b – 4a – 5c.

6 a. ob. b. Wenn. c. ob. d. wenn. e. Ob. f. ob. g. ob / wenn.

7 1a – 2b / 3c – 4d / 5f – 6e / 7g – 8h / 9j – 10i / 11l – 12k / 13n – 14m.

8 a. HOSE. b. HEMD. c. ROCK. d. MANTEL. e. KLEID. f. JACKE. g. PULLI. h. SCHUHE. i. HUT. j. UNTERHOSE. k. STRÜMPFE. l. STRUMPFHOSE.

9 a. Größe. b. Farbe. c. anprobieren. d. klein / kurz. e. groß / lang. f. Paar. g. passt.

10 [cruciverba colori: GRAU, SCHWARZ, GELB, ROT, LILA, ecc.]

11 a. Handtasche → borsetta. b. Gürtel → cintura. c. Hosenträger → bretelle. d. Geldbeutel → portamonete. e. Taschentuch → fazzoletto. f. Regenschirm → ombrello. g. Sonnenbrille → occhiali da sole.

7. Passivo

1 a. Der Rasen ist vom Gärtner gemäht worden. b. Die Maschinen werden oft von den Technikern kontrolliert. c. Der Brief wurde von der Sekretärin geschrieben. d. 1906 malte Picasso dieses Bild. e. Wer komponierte die Zauberflöte? f. Eine Wespe hat mich gestochen. g. Die Geschenke werden von den Kindern eingepackt. h. Mein Vater baute das Haus.

2 a. Um 21 Uhr ist das Geschäft geschlossen. b. Um 13 Uhr ist das Essen gekocht. c. Am Abend war alles vorbereitet. d. Für die Feier war das ganze Haus geputzt.

3 a. Das Auto ist repariert worden. b. Es wird viel getanzt. c. Die Fassade wird renoviert. d. Damals wurden Briefe geschrieben. e. Im Sommer wurde später gegessen. f. Ich bin zum Essen eingeladen worden.

4 a. gefunden. b. empfangen. c. bestellt. d. angehalten. e. untersucht. f. unterbrochen.

5 a. angeschaut. b. angesehen / angeschaut. c. ansehen / anschauen. d. sehen. e. geschaut.

6 a. Nachspeise. b. Fleisch / Gemüse. c. Getränke. d. Kuchen / Obstsalat. e. Rechnung / Trinkgeld.

7 1b – 2c – 3e – 4a – 5d.

8 KARTOFFEL / KAROTTE / SALAT / BOHNE / GEMÜSE / APFEL / TOMATE / ORANGE / ERDBEEREN / FRÜCHTE, OBST.

9 Tisch / Personen / Uhr / Uhr / Namen / Terrasse / frei / voll / Uhr / Tisch / drinnen / Name.

123

SOLUZIONI

10 [crossword grid with: SALZ, TELLER, PFEFFER, GABEL, MESSER, with ÖFFNETT vertical and SERVIETTE vertical]

11 1f – 2a – 3b – 4c – 5d – 6e.

8. Nominativo

1 a. Dieser kleine Junge. b. ein schönes Instrument. c. Diese alte Dame. d. Weiße Schuhe. e. Dieser junge Mann.

2 a. das Paket → Was ist für Paul? b. Paul → Wer sucht den Hausschlüssel? c. der Ausweis → Was liegt hier? d. Sie → Wer ist die neue Deutschlehrerin? / die neue Deutschlehrerin. → Wer ist sie?

3 a. die. b. die. c. das. d. die. e. das. f. der. g. das. h. die. i. der. j. die. k. das. l. die. m. die. n. das. o. das. p. das.

4 a. die Lehrerin. b. der Freund. c. das Mädchen. d. die Mutter. e. der Verkäufer. f. der Arzt. g. die Bäuerin. h. die Schwester.

5 a. die Wagen. b. die Blumen. c. die Sängerinnen. d. die Fotos. e. die Stühle. f. die Vögel.

6 a. das Buch. b. die Frucht. c. der Tisch. d. der Gott. e. das Heft. f. das Büro.

7 1b – 2a / 3d – 4c / 5e – 6f / 7h – 8g.

8 a. der Onkel. b. das Mädchen. c. die Übung. d. das Essen. e. das Instrument. f. der Strauß. g. der Tag. h. der Eingang.

9 a. der Badeanzug. b. der Bademeister. c. die Badehose. d. das Badetuch. e. der Sommerurlaub. f. die Sommernacht. g. die Sommersprossen. h. das Sommerkleid. i. der Sonnenstich. j. der Sonnenschirm. k. die Sonnenkreme. l. der Sonnenbrand.

10 1d Eingangstür – 2h non composto – 3f Schlafzimmer – 4b Badezimmer – 5c Wohnzimmer – 6e Esszimmer – 7g Briefkasten – 8a Kinderzimmer.

11 a. der Esstisch. b. der Schreibtisch. c. das Kinderbett. d. der Kleiderschrank. e. non composto. f. non composto. g. non composto. h. die Spülmaschine. i. die Waschmaschine. j. der Kühlschrank. k. non composto. l. das Bücherregal.

12 a. geklopft. b. geklingelt. c. aufmachen. d. herein. e. Platz. f. anbieten. g. Besuch.

13 [word search grid]
vasca da bagno: Badewanne
lavandino: Waschbecken
specchio: Spiegel
doccia: Dusche
gabinetto: Toilette o Klo

14 HAUSNUMMER / POSTLEITZAHL / HAUSMEISTER / ADRESSE / TELEFONNUMMER / HAUSSCHLÜSSEL / ANSCHRIFT.

9. Accusativo

1 a. diesen jungen Schauspieler. b. dieses neue Theaterstück. c. diese russische Tänzerin. d. diese französischen Filme.

2 a. frische Brötchen. b. die neue Schulreform. c. einen kleinen Test. d. kein schöner Film. e. ein kleines Hotel. f. der Briefträger.

3 a. sie. b. ihn. c. euch. d. dich.

4 a. keine. b. ein(e)s. c. keiner. d. ein(e)s.

5 a. diesen Samstag. b. die ganze Woche. c. Nächsten Monat. d. ein ganzes Jahr. e. Letztes Mal.

6 a. viel. b. sehr. c. Viele. d. viel. e. vielen. f. sehr. g. sehr.

7 a. Du trinkst viel. b. Er trinkt viel Wasser. c. Es gibt viele Leute. d. Er liebt dich sehr. e. Es ist sehr schön. f. Sie hat sehr viel Geld.

8 a. Buon divertimento! b. In bocca al lupo! c. Buona fortuna! d. Buon divertimento! e. Grazie mille! f. Molto volentieri! g. Egregio Sig....

9 1c – 2e – 3f – 4a – 5b – 6d.

10 a. alt. b. lang / breit. c. schwer. d. hoch. e. weit.

11 a. breit. b. lang. c. alt. d. schnell. e. schwer. f. groß / hoch.

12 a. GEWICHT. b. ALTER. c. GESCHWINDIGKEIT. d. HÖHE. e. LÄNGE.

13

10. Dativo

1 a. einer kleinen Stadt. b. den Kindern. c. dem Bruder. d. dieser Dame. e. einem alten Mann. f. diesem Mann. g. einem Monat.

2 a. mir. b. ihr. c. Ihnen. d. dir. e. uns.

3 a. einer einzigen Schülerin. b. kleinen Kindern. c. einem armen Mann. d. einer alten Dame.

4 1c – 2e – 3f – 4b – 5a – 6d.

5 a. Ich habe euch ein Päckchen geschickt. b. Ich schenke dir die Uhr. c. Ich habe es ihr gesagt. d. Ich habe deinem Bruder das Geld gegeben.

6 a. Ich habe ihr eine Mail geschrieben. b. Ich habe sie Paul geschrieben. c. Wir schenken es ihnen.

7 a. Er hat zu viel Arbeit. b. Es ist zu weit. c. Ich sehe sie wenig. d. Er/Sie schläft zu wenig. e. Er ärgert mich zu sehr. f. Er macht zu wenig Sport.

8 1d – 2e – 3b – 4f – 5c – 6g – 7a.

9 **Figura di sinistra:** 2 Ohr, 3 Auge, 6 Kinn, 5 Mund, 1 Stirn, 4 Nase, 8 Schulter, 7 Hals. **Figura di destra:** 1 Kopf, 3 Arm, 5 Hand, 7 Bein, 6 Finger, 8 Knie, 4 Bauch, 9 Fuß, 2 Brust, 10 Zeh.

SOLUZIONI

10 [crossword grid]

11 a. Chiudi il becco! **b.** Ne ho piene le tasche. **c.** Vive alla grande. **d.** Le bugie hanno le gambe corte. **e.** Non preoccuparti.

11. Genitivo

1 a. die Tasche des kleinen Mädchens. **b.** das Auto eines reichen Mannes. **c.** die Schulbücher der neuen Schüler. **d.** der Stock einer alten Frau

2 a. die Koffer von den deutschen Touristen. **b.** das Fahrrad von dem kleinen Mädchen. **c.** die Sporthalle von der neuen Schule. **d.** der Plan von einem alten Flughafen.

3 a. Peters Buch liegt auf dem Tisch. **b.** Kennst du Sabines neuen Freund? **c.** Der kleine Bruder von Paul ist in meiner Klasse. **d.** Ich habe der Frau von Richard eine Mail geschrieben.

4 a. Trotz. **b.** Wegen. **c.** während. **d.** Wegen.

5 1ª **colonna:** der Student, den Studenten, dem Studenten, des Studenten. 2ª **colonna:** der Löwe, den Löwen, dem Löwen, des Löwen.

6 1ª **colonna:** die Studenten, die Studenten, den Studenten, der Studenten. 2ª **colonna:** die Löwen, die Löwen, den Löwen, der Löwen.

7 a. il principe. **b.** l'uomo (essere umano). **c.** l'orso. **d.** il poliziotto. **e.** il giovane. **f.** la scimmia. **g.** il compositore. **h.** il corvo. **i.** l'eroe.

8 a. in die. **b.** in. **c.** nach. **d.** in.

9 a. der Engländer. **b.** Afrika. **c.** der Franzose. **d.** Asien. **e.** der Europäer. **f.** Irland. **g.** der Italiener. **h.** Griechenland.

10 a. Spanisch. **b.** Chinesisch. **c.** Englisch. **d.** Japanisch. **e.** Italienisch. **f.** Russisch.

12. Accusativo – Dativo

1 a. in die. **b.** in der. **c.** am. **d.** ans. **e.** im. **f.** auf der.

2 a. an. **b.** auf. **c.** in. **d.** neben. **e.** zwischen. **f.** über.

3 a. im Kino. **b.** ins Bett. **c.** ins Schwimmbad. **d.** in der Zeitung. **e.** in den falschen Bus. **f.** im Internet. **g.** in der Schule.

4 a. gelegt. **b.** setzen. **c.** stehen. **d.** hängt. **e.** liegt.

5 a. Häng. **b.** gesessen. **c.** stehe. **d.** lag. **e.** standen.

6 a. du kämmst dich. **b.** er freut sich. **c.** wir machen uns einen Tee. **d.** ich setze mich.

7 a. Ich habe keine Zeit, ich muss mich vorbereiten. **b.** Dreh dich nicht um! Er ist da. **c.** Sie hat sich sehr gut benommen. **d.** Wir haben uns im Urlaub (in den Ferien) gut erholt. **e.** Beeil(e) dich! Der Film beginnt in 5 Minuten / fängt in 5 Minuten an. **f.** Ich habe mich noch nicht angezogen.

8 1g – 2b – 3f – 4e – 5c – 6a – 7h – 8d.

9 a. oben. **b.** Drinnen / nach draußen. **c.** links / rechts. **d.** von rechts. **e.** nach hinten.

10 a. komme. **b.** geradeaus. **c.** Biegen. **d.** Nehmen. **e.** verlaufen / verfahren. **f.** Richtung.

11 [crossword grid]

13. Sintassi

1 a. Mein Sohn zieht im Mai um. / Im Mai zieht mein Sohn um. **b.** Er ist heute losgefahren. / Heute ist er losgefahren. **c.** Du kannst nächste Woche bei mir wohnen. / Nächste Woche kannst du bei mir wohnen.

2 a. (…), ob das Wetter am Wochenende schön wird. **b.** (…), ob ihr Bruder am Samstag mitkommen kann. **c.** (…), ob er deine Mutter angerufen hat.

3 a. Wenn es keinen Verkehr gibt, kommen wir pünktlich an. **b.** Ich möchte meine Mutter anrufen, bevor wir anfangen. **c.** Nachdem wir Sabine zum Bahnhof gebracht haben, können wir dich nach Hause fahren.

4 a. obwohl. **b.** bevor. **c.** dass. **d.** damit. **e.** bis. **f.** wenn. **g.** ob.

5 a. weil. **b.** Da. **c.** denn. **d.** weil.

6 a. schneeweiß *(bianco come la neve)*. **b.** hellgrün *(verde chiaro)*. **c.** rabenschwarz *(nero corvino)*. **d.** hausgemacht *(fatto in casa)*. **e.** lebensfroh *(vivace)*. **f.** seekrank *(avere il mal di mare)*.

7 1g. Stroh / dumm. 2d. Kinder (pl.) / leicht. 3b. Riese / groß. 4f. pflegen (Pflege) / leicht. 5c. Farben (pl.) / blind. 6a. Bild / hübsch 7e. Feder / leicht.

8 a. am Apparat. **b.** zurückrufen. **c.** verwählt. **d.** Telefonnummer / Vorwahl. **e.** Nachricht. **f.** Hallo. **g.** Auf Wiederhören.

9 a. FERNSEHEN. **b.** RADIO. **c.** BUCH. **d.** BRIEF. **e.** ZEITUNG. **f.** ZEITSCHRIFT. **g.** NACHRICHTEN. **h.** TAGESSCHAU.

10 a. das. **b.** das. **c.** der. **d.** die / das. **e.** die. **f.** die / das. **g.** der. **h.** die. **i.** die. **j.** das. **k.** der / das. **l.** die. **m.** das. **n.** das.

11 1d – 2e – 3c – 4a – 5b – 6g – 7f.

14. Verbi di modo

1 a. soll. **b.** musste. **c.** Darf. **d.** dürfen. **e.** kann. **f.** Möchten. **g.** kann. **h.** Weißt.

2 a. darf. **b.** kann. **c.** will. **d.** möchte. **e.** muss. **f.** soll.

3 a. wiederholen. **b.** rufen. **c.** ausfüllen. **d.** buchstabieren. **e.** warten. **f.** halten.

4 1c – 2e – 3b – 4a – 5f – 6d.

5 a. Sie darf weder ausgehen noch Freunde einladen. **b.** Du musst ihn entweder heute Abend oder morgen Mittag anrufen. **c.** Sie kann sowohl Italienisch als auch/wie auch Englisch. **d.** Ich möchte entweder ein Schokoladeneis oder einen Schokoladenkuchen.

6 a. der Zug. **b.** das Flugzeug. **c.** der Wagen. **d.** das Schiff.

7 a. l'incrocio. **b.** l'incidente. **c.** la circolazione. **d.** l'imbottigliamento. **e.** il semaforo. **f.** il distributore di benzina.

8 a. HALTESTELLE. **b.** AUTOBUS. **c.** U-BAHN. **d.** STATION. **e.** MOTORRAD. **f.** STRAßENBAHN. **g.** AUTOBAHN. **h.** STRAßE.

SOLUZIONI

9

15. Verbi separabili e inseparabili
1 a. verstanden. b. gewonnen. c. verboten. d. empfehlen. e. erzählt. f. bekommst. g. entdeckt. h. benommen.
2 a. einladen. b. aufgeräumt. c. Bringen (…) mit. d. angerufen. e. steigen (…) aus. f. vorbeigegangen. g. zurückgekommen.
3 a. I. b. S. c. S. d. I. e. I. f. S. g. I. h. I. i. I. j. S. k. S. l. I.
4 a. aufmachen. b. angefangen. c. vergeht. d. hören. e. besuchen. f. durchgefallen.
5 **Verbo:** abfahren, ankommen, bestellen, unterschreiben. **Sostantivo:** die Erklärung, die Erzählung, der Anfang, die Wiederholung.
6 a. an. b. um. c. aus. d. zugenommen. e. abnehmen.
7 a. her. b. hin. c. hin. d. her. e. her. f. hin.
8 a. aber. b. aber. c. sondern. d. sondern. e. aber. f. sondern.
9 1d – 2e – 3a – 4f – 5g – 6c – 7b.
10 1e – 2g – 3f – 4b – 5d – 6c – 7a.
11 1d – 2e – 3c – 4g – 5a – 6b – 7f.
12 1a ausgegeben – 2d – 3e bezahlt – 4b überwiesen – 5c verdient.
13
14 a. Il tempo è denaro. b. Meglio un uomo senza beni che beni senza un uomo. c. I soldi non fanno la felicità. d. Naviga nell'oro.

16. Verbi che reggono una preposizione
1 a. für. b. nach. c. um. d. von. e. zu. f. über. g. über. h. für.
2 a. dich. b. dich. c. den. d. meine. e. dich. f. eine. g. dich. h. der.
3 a. danach. b. daran. c. an ihn. d. An sie. e. daran.
4 a. Woran. b. An wen. c. Wofür. d. In wen. e. Womit.
5 a. stolz. b. einverstanden. c. zufrieden. d. fertig. e. weit. f. freundlich.
6 1g – 2e – 3b – 4a – 5f – 6d – 7h – 8c.
7 a. Ich habe erfahren, dass Sabine geheiratet hat. b. Ich möchte Deutsch lernen. c. Sie lehrt ihn Tennis spielen. / Sie bringt ihm Tennis spielen bei. d. Ich lerne besser am Morgen als am Nachmittag. e. Sie lehrt die Ausländer Deutsch. / Sie bringt den Ausländern Deutsch bei.
8 1f – 2e – 3b – 4c – 5d – 6a.

9 a. Flughafen. b. Gepäck. c. Fenster / Gang. d. Flug. e. Bahnhof / Gleis. f. Ermäßigung. g. Fahrkarte.
10 (cruciverba)
11 a. La Foresta Nera. b. Il lago di Costanza. c. Il Duomo di Colonia. d. La Foresta bavarese. e. Aquisgrana. f. Ratisbona. g. Il mar Baltico. h. Il mare del Nord.
12 a. REISE. b. FERIEN. c. URLAUB. d. AUSWEIS. e. REISEPASS. f. ZUSCHLAG. g. FLUGTICKET. h. AUFENTHALT.

17. Costruzioni infinitive
1 a. ø. b. ø. c. zu. d. zu. e. zu. f. zu. g. ø.
2 a. anstatt (…) zu. b. um zu / um zu. c. Ohne (…) zu. d. ohne (…) zu. e. Um (…) zu. f. ohne zu.
3 1f – 2d – 3g – 4h – 5b – 6e – 7a – 8c.
4 a. Stundenlanges Warten… b. Wundermedikament zum Abnehmen… c. Wenig Essen… d. Das Einkaufen ist… e. Beim Fahren eingeschlafen.
5 a. Ich brauche ein Glas zum Trinken. b. Das ist eine schöne Wiese zum Spielen. c. Vor dem Laufen mache ich ein paar Sportübungen. d. Ich komme nach dem Trainieren. e. Er braucht einen Stock zum Gehen.
6 1h – 2e – 3f – 4c – 5a – 6g – 7d – 8b.
7 a. fallen. b. schlagen. c. brechen. d. heben. e. springen. f. verlieren. g. ziehen. h. schneiden. i. steigen.
8 a. Wir sind nach Berlin gefahren, um meine Tante zu besuchen. b. Wir planen, nach Indien zu reisen. c. Ich werde früher aus dem Büro gehen, um ihn abzuholen. d. Ich freue mich, mit der ganzen Familie eine Woche in Wien zu verbringen. e. Er betrat den Raum, ohne mich zu grüßen. f. Anstatt ein Geschenk zu kaufen, werde ich ihm Geld geben. g. (senza virgola).
9 a. Hör auf b. anhalten. c. hielt (…) an. d. blieb (…) stehen. e. hört (…) auf.
10 a. Ich höre auf zu spielen. b. Bleib stehen! Ich kann nicht so schnell gehen. c. Halt an! Es ist rot. d. Hör auf, Schokolade zu essen. e. Die Polizei verhaftete den Dieb (nahm den Dieb fest), als er aus dem Haus herauskam.
11 1e – 2b – 3a – 4f – 5d – 6c.

18. Aggettivi e pronomi possessivi
1 a. mein. b. eure. c. ihr. d. deine. e. seine. f. unser.
2 a. seinen. b. meine. c. ihre. d. deine. e. euren. f. unsere.
3 a. Sabine ist bei ihrem Freund. b. Paul ist auch bei ihrem Freund. c. Paul ruft seinen Freund an. d. Paul ruft seine Freundin an. e. Sabine ruft ihre Freundin an. f. Sabine ruft seinen Freund an. g. Sabine ruft seine Freundin an. h. Paul ist auch bei ihrer Freundin.
4 a. seine. b. uns(e)rer. c. eu(e)re. d. dein(e)s. e. meine. f. ihre.
5 a. ihrem. b. deinen. c. eu(e)re. d. Ihrer. e. seinem.
6 a. erst. b. nur. c. erst. d. nur. e. erst. f. nur.
7 a. Abbiamo percorso appena 100 Km (e ci resta ancora

SOLUZIONI

della strada da percorrere). / Abbiamo percorso soltanto 100 Km. **b.** Ne scriverà ancora. / Il suo testo si limita a una pagina. **c.** Non arriverà prima di domani. / Viene domani e si ferma solo un giorno.

8 a. Ich habe ihn (am) Anfang der Woche getroffen. **b.** Sie ist Mitte dreißig. **c.** Am Ende war es besser. **d.** Er arbeitet seit Mitte Dezember. **e.** Sie haben Ende Juni geheiratet. **f.** Es steht am Anfang des Buches.

9 a. È finito. **b.** Ero là dall'inizio alla fine. **c.** Sono allo stremo delle forze. **d.** All'inizio è dura. **e.** Potrei mangiare senza fine. **f.** Non ha fine.

10 a. Nichte / Neffe / Neffe. **b.** Schwiegermutter / Schwiegervater / Schwiegereltern. **c.** Schwägerin / Schwager. **d.** Onkel / Tante. **e.** Kusine / Kusin. **f.** Großeltern. **g.** Urgroßvater. **h.** Enkelin / Enkel. **i.** Enkelkinder.

figura a. die Braut (la sposa). **b.** der Bräutigam (lo sposo). **c.** der Ehering (la fede). **d.** das Brautkleid (l'abito da sposa). **e.** das Brautpaar (gli sposi).

11 a. heiraten. **b.** Heiratsantrag. **c.** die Scheidungsrate / Hochzeiten / Ehe. **d.** bekommen ihr erstes Kind. **e.** die Liebe auf den ersten Blick.

19. Pronomi relativi

1 a. den. **b.** wo. **c.** den. **d.** denen. **e.** das.

2 a. Das Bett, wo ich schlafe, ist nicht breit. **b.** Die Stadt, woher ich komme, liegt im Norden. **c.** Das Restaurant, wohin ich gehen wollte, hat zu. **d.** Das ist ein kleines Kino, wo gute Filme laufen.

3 a. deren. **b.** dessen. **c.** deren. **d.** dessen.

4 a. Peter ist ein Schüler, mit dem ich sehr zufrieden bin. **b.** Kennst du einen Schauspieler, dessen Name mit D anfängt (beginnt)? **c.** Das ist der Film, der einen Oscar gewonnen hat. **d.** Er wohnt in Heidelberg, wo ich 5 Jahre lang gearbeitet habe.

5 a. Was. **b.** Wer. **c.** was. **d.** was. **e.** das. **f.** Wer. **g.** was.

6 a. Die. **b.** denen. **c.** Den. **d.** den. **e.** Der.

7 a. machen. **b.** machen. **c.** tun. **d.** schaffe.

8 a. Mist! Ich habe kein Geld. Was machen wir nun? **b.** Er hat viel zu tun. Er kommt nicht mit. **c.** Super (Toll), du hast es geschafft! **d.** Das macht 10€.

9 a. 1, 10. **b.** 2, 4, 5, 9, 13. **c.** 7, 8, 11, 12, 13. **d.** 3, 6, 8, 13.

10 a. die → canicola, gran caldo. **b.** das → clima. **c.** der → pioggia. **d.** die → temperatura. **e.** der → neve. **f.** das → ghiaccio. **g.** der → grandine. **h.** der → vento. **i.** der → lampo. **j.** das → tempo. **k.** der → arcobaleno. **l.** der → tuono.

11 [cruciverba: PLANET, STERN, WOLKE, HIMMEL, SONNE, MOND, LUFT]

12 a. JANUAR. **b.** FEBRUAR. **c.** MÄRZ. **d.** APRIL. **e.** MAI. **f.** JUNI. **g.** JULI. **h.** AUGUST. **i.** SEPTEMBER. **j.** OKTOBER. **k.** NOVEMBER. **l.** DEZEMBER. **m.** FRÜHLING. **n.** SOMMER. **o.** HERBST. **p.** WINTER.

20. La comparazione

1 1ª riga: Paul ist so dick wie ich. Paul ist dicker als ich. Paul ist am dicksten von allen. **2ª riga:** Sabine ist so schlank wie ich. Sabine ist schlanker als ich. Sabine ist am schlanksten von allen. **3ª riga:** Ana ist so schnell wie ich. Ana ist schneller als ich. Ana ist am schnellsten von allen.

2 a. kleinste. **b.** billiger. **c.** längste. **d.** höchste. **e.** früheren. **f.** am meisten.

3 a. teurer. **b.** hübscheste. **c.** weitesten. **d.** dunkleren. **e.** ältesten. **f.** süßesten.

4 a. Ich gehe gern zu Fuß. **b.** Fährst du lieber mit dem Zug oder mit dem Auto? **c.** Ich lese gern. **d.** Am liebsten bleibe ich zu Hause.

5 a. lieber / am liebsten. **b.** gern. **c.** am liebsten. **d.** lieber.

6 [cruciverba: SCHATZ, MÖGEN, BEGEISTERT, LIEBLING, LIEBEN]

7 a. weniger. **b.** mehr. **c.** mehr. **d.** weniger.

8 a. Was für ein Auto hast du? **b.** Was für Bücher liest du gern? **c.** Mit was für einer Maschine bist du geflogen? **d.** In was für ein Restaurant gehst du lieber?

9 a. Welche (Linie) nimmst du (meistens)? **b.** Auf welcher (Schule) warst du? **c.** Welche (Zeitung) liest du? **d.** Zu welchem (Bäcker) gehst du (oft)?

10 a. Für welche Zeitung arbeitest du? **b.** Mit welchem Lehrer lernst du Deutsch? **c.** In welcher Firma arbeitet er? **d.** Ich weiß nicht, welchen Zug er genommen hat. **e.** Welche Bücher sind für mich?

11 a. böse. **b.** schnell. **c.** dick. **d.** trocken. **e.** leise. **f.** sauer. **g.** glücklich. **h.** leicht.

12 a. gesund / krank. **b.** stark / schwach. **c.** fleißig / faul. **d.** intelligent / dumm.

21. Numeri ordinali e cardinali

1 a. siebzehn Komma fünfundzwanzig. **b.** achthundertsechzig. **c.** eine Million vierhunderttausend.

2 a. zum zehnten Mal. **b.** im einundzwanzigsten Jahrhundert. **c.** Papst Paul der Sechste

3 a. MONTAG. **b.** DIENSTAG. **c.** MITTWOCH. **d.** DONNERSTAG. **e.** FREITAG. **f.** SAMSTAG. **g.** SONNTAG.

4 a. Ich bin am sechzehnten Juli angekommen. **b.** Heute ist der neunundzwanzigste Februar. **c.** Ich war im Mai 2012 in Berlin. **d.** Sie haben am Samstag, dem fünfzehnten Mai geheiratet. **e.** Wir fahren an/zu Weihnachten weg.

AUTOVALUTAZIONE

Bravissimi, avete completato il quaderno di esercizi! Ora è arrivato il momento di stabilire il livello di conoscenza linguistica raggiunto. Scrivete il numero di icone ottenuto al termine di ciascun capitolo. La somma di tutte le icone per colore vi darà il risultato finale!

	😊	😐	☹		😊	😐	☹
1. Presente indicativo	☐	☐	☐	12. Accusativo – Dativo	☐	☐	☐
2. Imperativo	☐	☐	☐	13. Sintassi	☐	☐	☐
3. Perfekt	☐	☐	☐	14. Verbi di modo	☐	☐	☐
4. Präteritum	☐	☐	☐	15. Verbi separabili e inseparabili	☐	☐	☐
5. Futuro	☐	☐	☐	16. Verbi che reggono una preposizione	☐	☐	☐
6. Konjunktiv II	☐	☐	☐	17. Costruzioni infinitive	☐	☐	☐
7. Passivo	☐	☐	☐	18. Aggettivi e pronomi possessivi	☐	☐	☐
8. Nominatvo	☐	☐	☐	19. Pronomi relativi	☐	☐	☐
9. Accusativo	☐	☐	☐	20. La comparazione	☐	☐	☐
10. Dativo	☐	☐	☐	21. Numeri ordinali e cardinali	☐	☐	☐
11. Genitivo	☐	☐	☐				

	😊	😐	☹
Totale, somma di tutte le icone	☐	☐	☐

Avete ottenuto la maggioranza di…

Congratulazioni! Padroneggiate le basi del tedesco e siete pronti a passare al livello successivo!

Niente male! Ma potete ancora migliorare! Rifate gli esercizi con cui avete avuto maggiori difficoltà dando un'occhiata alle spiegazioni nel capitolo corrispondente!

Riprovate! Siete un po' arrugginiti… Riprendete in mano il quaderno e prima di rifare gli esercizi, rileggete con attenzione ciascun capitolo.

Realizzazione grafica: MediaSarbacane

Titolo dell'opera originale:
Cahier d'exercices Allemand Faux-Débutants
© Assimil France 2014

ISBN: 978-88-96715-38-3   © Assimil Italia 2014
Stampato in Italia - Marzo 2022
Stamperia Artistica Nazionale S.p.A. - Trofarello (TO)